每天读点
社交心理学

李凤云 编著

吉林出版集团股份有限公司

图书在版编目（CIP）数据

每天读点社交心理学／李凤云编著．—长春：吉林出版集团股份有限公司，2019.1

（读书会）

ISBN 978−7−5581−6197−1

Ⅰ．①每… Ⅱ．①李… Ⅲ．①心理交往−社会心理学−通俗读物 Ⅳ．① C912.11−49

中国版本图书馆 CIP 数据核字（2018）第 280431 号

MEITIAN DUDIAN SHEJIAO XINLIXUE

每 天 读 点 社 交 心 理 学

作　　者：李凤云

出版策划：孙　昶

责任编辑：金佳音

装帧设计：周　正

出　　版：吉林出版集团股份有限公司（www.jlpg.cn）
　　　　　（长春市人民大街4646号，邮政编码 130021）

发　　行：吉林出版集团译文图书经营有限公司
　　　　　（http://shop34896900.taobao.com）

电　　话：总编办　0431−85656961　营销部　0431−85671728/85671730

制　　作：日本图书（www.rzbook.com）

印　　刷：北京文昌阁彩色印刷有限责任公司

开　　本：710毫米×1000毫米　1/16

印　　张：16

字　　数：220千字

版　　次：2019年1月第1版

印　　次：2019年1月第1次印刷

书　　号：ISBN 978−7−5581−6197−1

定　　价：49.00元

营销分类：励志

前　言

在复杂的人际交往中，每个人都选择把自己层层包装起来，生怕泄露了内心的秘密和对自己不利的信息。可是，越是在这样的情况下，我们越是必须准确了解对方的心思；否则，在不了解人心的情况下说话办事，你就准备好跟麻烦、误解、碰壁生活在一起吧。

比如说，在日常生活中，你无法看透爱人的真实想法，即便你是出于好心说的话，也可能被对方误解，从而让家庭战争一触即发；求朋友办事，却没有领会朋友的真实意思，结果双方友情有了裂缝，世交也变成了冤家。在社交场合中更是如此，不知道对方想要什么，本来十拿九稳的合作，也可能付诸东流；请求上司的理解，忽略了上司的暗示，最后只惹来上司的一顿训斥。

长此以往，你不仅距离成功越来越远，而且连日常的小问题都可能变成人生的梦魇。

所以我们需要一种工具，使我们能准确把握对方心理，并在此基础上进行正确决策，使自己始终处于相对优势的地位。

　　"读心术"就是这样一种工具，它是藏在我们日常生活中的"指南针"，可以帮助你很轻松地从对方的语言、神态、表情、姿势等方面及时捕获对方最真实的想法和最有用的信息。了解了这些，你就可以有重点、有针对性地说对话、做对事，不做无用功，只做高效事。最终，在人际交往中左右逢源，无往不胜。

　　亚伦·皮斯正是凭借着这样一套出色的"读心术"，从推销海绵的业务员做起，在21岁时就成了全澳大利亚最年轻的百万保险销售员，并晋升为百万圆桌协会会员。乔·纳瓦罗也是凭借着这样一套了不起的"读心术"，成为FBI（美国联邦调查局）反间谍情报小组中最优秀的情报人员。

　　对此，你还有什么迟疑吗？

　　这是一本全面讲解"读心术"这一高效交际工具的书。针对众多读者渴望使用"读心术"促进人际交往，却又苦于无法全面了解、准确掌握、正确使用该工具的矛盾心理，该书进行了全面、详尽、生动的解读。其内容广泛，涉及社交礼仪、言谈举止、协商谈判等方面的内容，且内容生动、流畅，再现了各种交际场合中的典型案例，具有极强的可读性和可操作性。

　　可以说，这是一本助你走向成功的实用交际宝典，也是众多交际心理学著作中的集大成之作。

　　越来越多的社会人士都开始在自己的交际活动中运用心理学理论，并且取得了极明显的效果，这无疑是对一些"后来者"的严峻考验和冲击。如果你想比他们更早步入成功者的行列，那么，现在就翻开这本书吧。

C·O·N·T·E·N·T·S

目 录

想成功，
不了解人心怎么行

你要是看不透他人的心思，本来十拿九稳的生意就可能被撤单；老实向领导汇报，可能迎来老板的一顿臭骂；向心仪的姑娘表白，可能被人家骂成傻瓜；想找朋友诉诉苦，一句话还没说完，人家就直跟你翻白眼。可见不了解人心者就是受气包。而了解了人心，以上问题大多可以得到圆满解决。

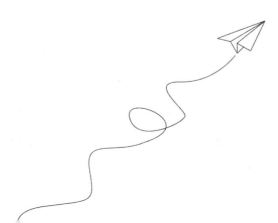

不了解他，就不可能有更深的交情

如果我们能够学会知人之长、避人之短、人尽其才、才尽其用，
便如同一个人能熟练操纵自己的手、足、七窍一般，
我们在社会中就能行动自如、无不顺遂。

纵览历史，我们不难发现知人善任在任何一个历史时期都关系到国家的兴盛与衰亡。同理，一个人的一辈子是兴还是衰，也与他能否知人，能否恰当用人与调配人际关系息息相关。可以试想，如果我们在任用一个人之前，连这个人最基本的状况都搞不清楚，我们能做成什么事呢？恐怕再好的计划也要功亏一篑。

正所谓"尺有所短，寸有所长"，每个人都有无法从其表面获悉的特长，只有在真正了解了一个人之后，才能够使他们充分发挥他们的才能，使他们贡献出最大的力量。

三国时期的诸葛亮堪称慧眼识人，但是在二出祁山时却犯下了不可弥补的大错——任用马谡为主将镇守街亭。

马谡其人，历史对他的评价是庸才，只懂得纸上谈兵。然而当时在很多人眼里，马谡是一个不可多得的谋士。平南蛮，马谡进言要以攻心

为上；在魏国任用司马懿统领雍凉人马时，马谡又献计，建议利用反间计让司马懿的兵权不攻自夺。这一条条妙计，每一条都在说明马谡是一个不可多得的谋士。

以用人见长的诸葛亮十分放心地将镇守街亭的重大任务交给马谡时，马谡为什么没能一如既往地发挥他出色的才能，不负诸葛亮的重托呢？原因其实很简单，因为诸葛亮犯下了一个很低级却足以致命的错误——在任用马谡之前，没有做好"知人"这个用人的最基本的功课。

历史可以证明马谡不是像某些历史评论家所断言的那样是个庸才，但是也不得不承认因为他的纸上谈兵才导致街亭失守。其实如果当时诸葛亮能够做到知人然后善任，那么相信就不会有后来的挥泪斩马谡，也不会有后来的事必躬亲直至累死的可悲可叹的个人命运了。

马谡确实是个不可多得的人才，然而正如蜀汉四英之一的蒋琬所称赞的那样，马谡只是"智计之士"，却不是将才。诸葛亮就是因为没能认识到这一点，不能很好地知马谡，发现他的谋才，将他当作运筹帷幄的谋士，而是错误地将他用作决胜千里之外的将才，才导致了两个人的悲剧命运。

由此我们不难看出，其实用人不难，难的是知人。

那么我们如何才能做到知人然后善任呢？自古人们就常常感叹人才难得，其实不然，难的不是人才难得，难的是知人不易。

知人要抱着一种客观的心态，不要片面地断言一个人。

　　试想如果你碰到一个令你十分讨厌的人，而你又总是出于私心，戴着有色眼镜看他，那么相信你眼中看到的都是他的短处，又怎么能任他呢？更别说善任了！

　　换一种情况，如果你"情人眼里出西施"，相信即使你如诸葛亮般善用人，也会犯下任用马谡的错误。

　　俗话说"路遥知马力，日久见人心"，知人的同时还要时刻保持理智的头脑，不要因为时间的长短而感情用事。时间不代表了解，了解也不一定是时间够久了就能做到。要记住人不可貌相，还要记住知人最重要的是要综合考查。

　　这个社会上的通才、全才少之又少，然而只要你学会知人之长、避人之短、人尽其才、才尽其用，相信你的交际活动就能顺遂很多。

最初瞬间决定了整个交往过程的基调

/

求职或是交际，其实就那么几秒钟，赢得了这几秒钟，
也许你能赢得许多意想不到的机会；
相反，失去了这几秒钟，或许你要做很多事来弥补。

/

记得大学二年级那会儿，在大学生求职规划的第一节课上，一位上了年纪的老师告诉过我们："其实你们每一次求职也好，做人也好，有时候只有几秒钟。"当时大家都不明白老师话中的深意，而当老师看到大家都无心他的课堂的时候，也并没有给我们做过多解释，只是微微地笑了笑，说："相信你们以后会有亲身体会的。"

毕业那年我参加了很多招聘面试，我发现一个奇怪的现象，几乎每次面试时，如果面试官看你一眼对你感兴趣，整个面试过程中都会认真地盯着你；如果对你没兴趣，整个面试过程中都会心不在焉。面试如此，和人交往也是如此，"一眼万年"，交往的最初瞬间往往决定了整个交往过程的基调。所以如果你打算和陌生人进行交往，就一定要注意交往的最初瞬间，注意第一印象。

有人做过调查，发现了这样一个事实：人与人之间的交往，其实

很多时候关键在于最初的十秒钟。也就是说，当有人给你介绍新朋友，或者你的面前走来一个陌生人，你会不自觉地在十秒钟内做出判断：我喜欢不喜欢这个人啊，这个人怎么样啊，这个人的性格怎样啊……也许有时候十秒钟的判断并不准确，却能够决定一个人对另一个人的交往态度。

也许你会说这很不公平，这只能说明大家太注重外在了，而忽略了人的内涵，会失去很多朋友。然而我们不得不承认，这是一个效率至上的社会，这个社会有高度激烈的竞争，让人和人在交往时不再有足够的时间去慢慢认识彼此，对彼此的认识很多时候只是在有效的几秒钟的时间内形成，而这瞬间判断也就决定了以后整个交往过程的基调，并且一旦做出判定，在以后往往是很难有大的改变的。

有人做过这样一个心理实验：将同一个人的照片给不同的两组被试者，同时告诉第一组这是一个囚犯，告诉第二组这是一个教授，然后让两组各自分析手中照片上的人的性格。

第一组的结论是：这个人眼睛深陷，是性格凶恶的人的典型特征，而他高耸的额头也正说明了这个囚犯死不悔改的决心。

第二组的结论却是：他深陷的眼窝，说明他将一生都献给了教育，正像他掌握的知识一样深邃，他高耸的额头不也表明了一个老教授的智慧吗？

面对同一个人的照片，两组被试者的认识却截然不同，这不能不说第一印象给人的心理暗示作用是不可想象的。

在心理学上，这种现象被称为"首因效应"，也叫作"最初效应"，也就是我们通常所说的"第一印象效应"。第一印象通常是瞬间根据对方的表面特征形成的，然而由于它带有的强烈的情绪色彩，所以能够在人的脑海中留下深刻的烙印。很多人都有这样的印象，当我们和一个人相处了一段时间，然后又分开很长一段时间，当我们再回想起对方的时候，脑海中浮现的往往是第一次见到对方时的样子，而不是以后相处中他的样子。

由此我们不难看出，由于交往的最初瞬间往往决定了以后交往的基调，所以当我们和人交往时，一定要重视首因效应，力求在陌生人面前，从仪表到谈吐，都展现一个完美的自己，让对方对你"一见钟情"。

给他一个理由，他才会照你的意愿做

/

有谁会愿意无缘无故地帮你，完成你的远大梦想呢？

如果有人愿意，那一定是有原因的，请试着去找出这些原因，

找出的原因越多，你的人生中就会有越多的贵人。

/

中国历史上存在着这样一类人，人们称之为游说家。他们游走于各个国家之间，不是靠刀枪、金钱，而是仅仅靠着三寸不烂之舌为自己、为自己的国家赢得利益。遍观他们的游说，不难发现一个共同点：每一次的成功游说都是因为他们不是首先考虑自己的利益，而是先找到对方的利益所在，将对方的利益摆在对方面前，然后再摆明自己的目的。而这也正是他们成功的原因所在。

其实不只是游说家，历史上，无论是王侯将相，还是谋臣贤士，只要他们想达到某种目的，想得到别人的帮助、信任，或者让君主采纳自己的意见，哪一次不是先要找出促使对方帮忙、信任、采纳意见的原因，也就是要找到对方的利益所在，然后才能达到目的，让对方按照他们的意愿去做事呢？

《红楼梦》中"王凤姐弄权铁槛寺，秦鲸卿得趣馒头庵"一回，就

很好地说明了这个观点，也刻画了王熙凤"唯利是图"的形象。

铁槛寺的老尼求王熙凤帮忙摆平长安府太爷的小舅子李衙内强娶金哥一事，先是直接用金钱"贿赂"王熙凤，然而打错了如意算盘，王熙凤笑着说道："我也不等银子使，也不做这样的事。"

净虚老尼听了凤姐的话，打消了只靠银子说服王熙凤帮自己办这件事的妄想，遂打起了名利的念头，叹道："虽如此说，张家已知我来求府里，如今不管这事，张家不知道没工夫管这事，不稀罕他的谢礼，倒像府里连这点子手段也没有的一般。"

正是这句话说到了王熙凤的心头上，才促使王熙凤最终决定帮净虚完成这件事。

其实要让别人按照你的意愿去做事情并不难，就像净虚那样找到促使对方这样做的原因，换句话说就是找到双方的共同利益。找到对方想要什么，以对方的意愿为出发点，然后回到自己的意愿。也只有这样，对方才会愿意帮你。

这是通过影响他人从而达成自己意愿的很实用的诀窍，就好像你要撬动地球，必须先找到支点一样。你想让别人按照你的意愿行事，就必须告诉对方为什么要这样做，这样做对他有什么好处，否则对方是不会做没有理由的事情的。

记得在一次销售培训上，培训老师曾经给大家上过这样一堂课：他告诉我们，一流的销售员是从人到销售，二流的销售员是从销售到人，三流的销售员是从销售到销售。换句话说就是真正的销售人员应该先学会观察客户，然后找到他们的需求点，再适时推销自己的产品，只有这样才会有更大把握打动客户。而那些不懂得销售的人，却只会不辨对象地讲解产品的优点，效果很差。

现在想来，不仅仅是在销售上，我们与人相处时，只要想让别人按照我们的意愿行事，就要学会先让对方发现他们自己想要的东西，然后告诉他们按照我们的意愿去做便可达到目的。

中国有句古话说得好：话不投机半句多。话要投机，最主要的就是要先找到对方想听什么，然后才有可能和对方很好地交流下去，让对方有意愿倾听你的谈话。同样，我们做事，要合对方的意，就要先了解对方想要什么，然后告诉对方只要按照你的意愿行事，对方就能得到他想得到的。

多询问，多观察，多倾听，先想别人所想，这样别人才能帮你做想做之事。

人首先关心的是自己，而不是你

/

遇到事情，人首先想到的是自己，其次是与自己相关的人，
然后才可能是他人。这是人的本性，也近乎本能。
这是理解人性的一大原则。

/

　　小李是一家出版社的编辑，上个月轮到他给某网络平台的采购经理介绍产品，为此他做了一番精心的准备。从图书的选题到内容、从封面到版式，写了一个很好的产品说明稿。

　　对方的采购经理如约而至，轮到小李讲产品时，小李滔滔不绝地展开了他的解说。然而，还没等小李说完作者简介，就被对方的采购经理打断了，而且被告知，这些都不用讲了，他已经知道了。小李有点懵，对方的采购经理直接问："我更想知道封面是什么样的？图书的定价是多少？给我们的价格是多少？"

　　由这个生活中的小故事可以看出，人更关心在意的是自己的需求。小李只是从自己的角度来思考问题，而忽略了对方的采购经理的需求。

　　在我们和别人谈话时，只要能找准话题，谈他们想谈的，他们自然而然就会愿意和你交流。这时你再要求他们做你希望的事情，他们觉得

能从中获得他们想要的东西，自然会乐于帮助你。

那么我们要如何才能了解对方的需求呢？

首先，我们要学会客观地分析事情。虽然能够时刻做到先人后己很不容易，但是要知道在社会中生存、和人交往，就必须懂得适时放下自己。其次，还要在倾听、观察中真正了解什么是别人想听的、想要的，了解别人所想。人都是先是对自己感兴趣，而不是对其他事物感兴趣，人关注自己永远胜过关注别人。所以在和别人交往时，要抓住人心，就要找到别人的兴趣点，去了解别人感兴趣的，谈别人感兴趣的。最后，了解到了别人的兴趣点，还要学会巧妙地让对方觉得你将对方看得很重要，巧妙地满足对方渴望被承认、被了解的心态。要做到这一点，就请记住，在和人交往时要学会多聆听，而不要急于表达，而且不要吝啬你的赞扬，要学会多关注每一个人，将注意力从自己身上转移到对方身上。

要在人际关系中如鱼得水，就请用心记住从引导对方谈论他们自己开始，这样你就会拥有越来越多的朋友。

攻破对方的心理防线是了解对方的第一步

/

如果一个人对你满是戒备，那你跟他之间的合作与交际根本无从谈起。

只有当他浑身轻松、满怀坦诚地愿意跟你一起坐下来，敞心交谈，

这才是你成功的开始。

/

人是一种自我保护意识很强的动物，在社会中生存，尤其是在和同类的交往中，总会用各种方法保护自己。

为了保护自己，人们有时候会刻意将自己的真实性情用不同的衣饰、行为、表情掩饰起来，不让别人看到真实的自己，隐瞒自己最真实的一面。甚至为了不让别人走进自己的内心，看到自己最真实的想法，总会时不时地设置多道心理防线。

不过，外表上无论人们怎样伪装，只要我们细心观察对方的语言、神态、行为等细节，就能看到他外表下掩藏的真实性情。如果对方设置了心理防线，我们想真正地了解他，第一步就需要突破对方的心理防线，让对方放下对我们的戒备，而这比透过人外表的伪装看真实的一面要难得多。

人人都有戒备心理，尤其是当我们面对陌生人的时候，由于彼此

不熟悉，自然就会设置心理防线，这是人的自我保护意识在起作用。这就好像含羞草遇到外界的刺激会立即合起叶子保护自己，刺猬遇到外界的碰触会竖起浑身的芒刺一样。自我保护意识越强的人，其心理防线越牢固。

我们要如何才能突破对方的心理防线，了解对方呢？

销售界经常出现这样一种情况，年轻的销售员为了推销产品，常常是看到顾客进门就会赶紧主动迎上去，然后口若悬河、热情备至地向客户介绍产品。然而一天下来，年轻的销售员累得口干舌燥、眼冒金星，却卖不出几件商品。老销售员则不同，每次顾客临门时，他们或许只会点头问候一句"欢迎光临选购"，然后就默默地观察顾客，之后又总会在合适的时机，用很少的话和顾客达成共识。

有人说是因为老销售员积累了很多经验，才有了很好的销售技巧，年轻的销售员没有经验，当然会事倍功半。这种说法其实也正确，因为有了长期销售经验的积累，老销售员会"看人"，能够看懂顾客的心理需求。一个优秀的销售员不在于嘴皮子多么厉害，而在于他的眼睛有多"毒"。

是的，老销售员总能通过细致的观察，从一群潜在顾客里发现谁才是真正会发生交易的顾客，然后再细心找到这些不同类型的顾客的心理防线在哪里，最后一针见血地进行突破。而不是乱施针，将顾客弄得"千疮百孔"，也将自己弄得精疲力竭，费力不讨好。

突破对方的心理防线要有针对性，要学会分析不同人的心理特点、兴趣爱好。当然，这其中还有很重要的一点，那就是学会真诚以待。

人为什么要对陌生人，甚至自己身边的亲人、朋友设置心理防线呢？原因很简单，就是因为信任问题。因为我们不信任对方，害怕被欺骗、被伤害，所以选择在彼此之间设置一道甚至几道防线。不信任度越高，防线就越坚固、严密。如果我们学会真诚以待，让对方感觉到诚意，对方自然就会选择相信你、走近你。

如果你真诚地面对他人，那么突破对方的心理防线、迈出了解对方的第一步，将是一件很容易的事情。著名翻译家傅雷曾说过这样一句话："我一生做事，总是第一坦白，第二坦白，第三还是坦白。绕圈子、躲躲闪闪反而让人生疑。"他一直认为一个人只要真诚，总能打动人。

心理学研究发现，人的思想深处都有内隐封锁的一面，然而人又都矛盾地希望有一个人可以了解自己，将自己最真实的想法告诉可以信赖的人。所以如果你想真正读懂对方，就要学会敞开心扉，让人看到你的真诚。只有这样，才能使对方放下戒备，突破对方的防线，让你看到他真实的内心世界。

再自负的人也有"己不如人"的自卑心理

/
生活中没有伟人，每个人都是平凡得不能再平凡的血肉之躯，
所以很多人其实并没有表面看上去的那样难以接触。
你学会读懂人的心，就可以同世上任何一个人平等互动，建立良好的友情。
/

有人说自负与自卑是一对孪生姐妹，而生出她们的共同点就是以自我为中心。自负的人往往觉得自己处处都比其他人优秀，于是就会处处和别人做比较，每当在比较中遇到己不如人的时候，就会产生自卑心理。而自卑则是自负的对立面，自卑的人总是在比较中觉得自己处处不如人，又往往很不服气，觉得命运不公，把好运都给了那些比自己优秀的人。

自负的人永远用一双高傲的眼睛盯着那些比自己优秀的人，盯着盯着就会患上"红眼病"，生出己不如人的自卑心理。

自负的人因为自身的优越，总是想让自己成为人人羡慕的对象，成为所有人的焦点。他们一旦发现了比自己更优秀的人，发现有人夺走了在他们看来本应该是投注在他们身上的目光，就会变得自卑，甚至会嫉妒，然后就想尽快把那种优越据为己有。

清世宗爱新觉罗·胤禛，也就是大家熟知的雍正帝，在他继位之前，还只是个阿哥的时候，就已经很出色了，文武兼备，许多政治见解都受到康熙帝的赞扬和关注。胤禛也自视有才华、有抱负。他从小被佟佳贵妃收养，自己的亲生母亲德妃偏爱小儿子十四阿哥。同时，康熙帝又深爱已故皇后赫舍里氏生的嫡皇子，即当时的太子二阿哥。

处于这种情况下的四阿哥胤禛，自负的外表下又有着深深的自卑。自卑的他总是时时刻刻和太子，和自己的同母弟弟，和所有自己身边能够引起康熙帝注意的兄弟做比较，并且为了让自己更优秀，他时刻严厉地要求着自己。

其实，在康熙帝眼中，甚至在胤禛羡慕、嫉妒的太子和十四阿哥眼里，四阿哥胤禛都很优秀。然而自负的四阿哥胤禛，即后来的雍正皇帝，却一生都无法消除"己不如人"的自卑心理。

越强硬的人越是脆弱，这就好像一块坚硬的石头，其实只要找对着力点，一锤子就能将它敲得粉碎。就好像坚硬的铁，只要熔炉里的温度足够高，就能将它变成铁水。就好像人，越是优秀到自负，越有着骨子里的自卑，他们根本没有外人想象的那么伟大与坚强。

自负的人大多很优秀，长期生活在被赞美、众星捧月的环境中，但是他们也会时不时地产生自卑情绪，害怕自己不够优秀，在别人面前出丑，或者害怕失去这种优越感，失去众人目光的追随，认为这就是失去了自尊。

自负的人总是将自己想象成最完美的人，同时又会时不时地意识到自己与这个最完美形象的差距，所以他们也常常被自卑的情绪困扰着。自负的人在外人看来很伟大，甚至是万能的，于是他们也总是将自己看成万能的。而他们一旦认识到自己不可能像别人认为的那样伟大、万能的时候，就会害怕被人看不起。

那些自负的人，他们为了消除时时可能出现的自卑心理，总是用各种"必须"来强大自己，"我必须成为最优秀的""我必须受到所有人的关注""我必须不犯任何错误"，等等。

在各种"必须"的压迫下，他们热情地对待每一件事，然而一旦遇到挫折，就会很轻易地变得沮丧、灰心，直至全面否定自己，变得莫名自卑，甚至走向极端。

人是有弹性的动物，而自负的人总喜欢将自己绷得紧紧的，以力求强大。殊不知将自己绷得越紧就越容易断裂。一旦断了，将是不可恢复的，甚至会产生"我已经毫无可取之处"的心理，从而憎恨自己的无能为力，憎恨自己不能完美，憎恨自己无用，由此产生完全否定自己的自卑感。

记住，生活中没有伟人，我们都很平凡，过度的自负只会让我们更自卑。

第二章

别对我说谎，我能看得到

每当乌云大作，雷声阵阵，就表示大雨将至。同理，当一个人撒谎或者有所企图，他的体态、神态也会异于平常。这就是我们识人的"天气预报"，了解这些，就能善知人心。

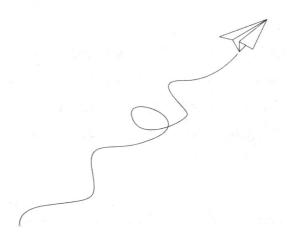

知人的最难之处，莫过于辨别真伪

不知人心者处处碰壁、被动、吃亏，知人心者却能游刃有余、占尽上风。

然而世上最难的事便是知人心。如何知人心？知人心应从何做起？

了解这些常识，或许是我们极好的开端。

　　一个人微笑并不一定代表他真的快乐，同样，一个人哭泣也可能包含多种信息，并且一个人的喜怒哀乐并不只是通过哭和笑来表现，所以要真正了解一个人，谈何容易！

　　邹忌讽齐王纳谏的故事里，邹忌的妻子、小妾以及有求于他的人都认为城北徐公不及他美，邹忌开始时相信了，但是次日见到徐公，才明白了"吾妻之美我者，私我也；妾之美我者，畏我也；客之美我者，欲有求于我也"。一个人在你面前展示的并不一定是真实的自己，说的也未必是真心的话。

　　君主用人也是如此。孟子教梁惠王识人之法，特告以"左右皆曰贤，未可也；诸大夫曰贤，未可也；国人皆曰贤，然后察之，见贤焉，然后用之"，说的就是这个道理。恭维也好，谩骂也罢，人们总会先从自己的利益出发，有时会做出言行不一的事来。可见真正了解一个人是多么不易，如果我们只根据一个人一时的言语行为去判定一个人，就很可能偏离真相。

有人说我们可以采用"闻声识人"的方式来认识一个人。例如通常语速快的人性格比较外向，思维敏捷；语速慢的人大多温柔善良，为人宽厚而仁慈。另外，当人们愤怒时，说话的音量就会变大；而说话有气无力，则很可能是因为这个人心情沮丧。然而这种识人的方式也需要听者认真分析，有敏锐的洞察力。

有这样一个有趣的故事。春秋战国时期，郑国的相国子产外出视察，突然听到从远处传来妇人悲痛的哭声。随从们看着子产，等候他下令去救助那位痛哭的妇人，不料子产却下令拘捕那个妇人。随从们都很纳闷，不解地看着子产。子产说："那妇人的哭声没有哀痛之情，反而有恐惧之意，我怀疑其中有诈。"审问的结果也证实了子产的判断，原来这位妇人与人通奸，谋害了亲夫。

子产正是凭借其超常的判断力和洞察力，才听出妇女哭声中的隐情。然而，闻声识人只是一种辅助工具，要想从一个人的声音中获取重要信息，需要我们掌握很多技巧。

孔子曾经说过，人心比山川还要险恶，知人比知天还要难。因为四季分春夏秋冬，一目了然。而人呢？笑容的背后可能就是奸计，尤其是从自由单纯的象牙塔到复杂险恶的社会，面对尔虞我诈的职场，我们一时间很难分清谁是朋友，谁是敌人。

　　看过《杜拉拉升职记》的人应该都对知人知面难知心有一番感悟。你以为那个热情幽默的大姐姐是个贴心的人儿，于是将自己的委屈和不满统统倒给人家，结果不出几天，你的私事就被传得沸沸扬扬了。由此可见，千万不要单凭表象去判断一个人，因为在现实社会中，很多人会自愿或者被迫戴上面具，来掩饰自己真实的内心。

　　一个对你笑脸相迎的人，可能就是背后捅你一刀的"凶手"；一个说起话来引经据典、头头是道的人，可能就是在为自己的无知做掩护。

　　面对瞬息万变的社会，人们选择用"面具"来隐藏自己的真实想法，这只是一种与人交往的方式，无所谓对错。关键是我们自己不要被这些面具迷惑，并通过自己的方式去识别、洞察表象后的本质，从而决定我们的行为，最大限度地趋利避害。

为什么越是会撒谎的人越容易受欢迎

靠撒谎来博得众人的欢迎，这是一些人奉行的生存之道。
当然不会有人告诉你这些，你也无须这么做，
但是这是你必须知道的，否则你就可能沦为这些谎言的牺牲品。

　　记得大学时有一个朋友打趣说："你们知道为什么那么多人喜欢演员吗？"当时大家七嘴八舌地说着，有的说是因为演员漂亮，有的说是因为演员的生活丰富多彩，有的说是因为演员能轻松挣到很多钱……

　　听完大家的回答，朋友摇了摇头："其实演员们之所以受欢迎，并非因为他们是演员，而是因为他们会演戏。生活中，他们面对众多的追捧者也好，面对自己的亲人也好，大部分时候，他们都善于隐藏自己的感情。他们总能让人感觉到他们是那么的真实自然，所以才容易受欢迎。"

　　当时听完朋友的回答，大家都觉得有些不屑。然而今天回想起来，才意识到这些话不无道理。不是曾经有人说过吗，生活就好像一场戏，越会演的人，越是受欢迎。

　　我们在社会中生存，接触形形色色的人，经历是是非非，然而有时候

我们会发现，越是那些受欢迎的人，往往越善于"撒谎"。他们总能在需要的时候隐藏起自己的真实情感，就像一个出色的演员那样，即使在自己悲伤得快要落泪的时候，面对别人时也能露出最灿烂的笑脸。

有时候我们很讨厌这种人，觉得这种人太虚伪；但是有时候，我们又不得不承认这种人的确大受欢迎，而那些老实厚道的人却往往碰一鼻子灰。

不管这种人是不是虚伪，是有目的还是无目的地隐藏自己的情感，我们首先应该分清这种人隐藏自己的情感究竟是出于什么目的。如果他们只是单纯地不想把自己的悲喜表露给无关的人，那只能说这种人本身就是感情冷淡的人，我们对此可以不必过分关注；如果这种人是出于某种目的而隐藏自己的情感，那我们就需要认真对待了。

曾经各大影院热映一部电影——《赵氏孤儿》，相信很多人都很佩服里面的程婴，妻儿为屠岸贾所杀，背负着一身血海深仇，却能够在屠岸贾身边一待就是十几年，还让屠岸贾真心喜欢上了自己仇人的儿子。这需要有多大的勇气去隐藏自己的仇恨之情，需要有多么高超的演技，才能在屠岸贾的眼皮子底下撒这个弥天大谎。

虽然程婴的谎言最后还是被奸诈的屠岸贾识破了，但是我们却不得不承认程婴成功了。他用一生经营了一个谎言，用一生在屠岸贾面前隐藏自己的情感，用一生报了血海深仇。

生活中，我们也难免遇到这样的人。如果我们身边有这样一个十分善于隐藏自己情感的人，我们就要明白这个人这么做的原因。

其次，我们还应该小心结识这种受欢迎的人。越是受欢迎的人，很可能越是会撒谎。这种人因为善于隐藏自己的情感，即使心里讨厌某个人或者某件事情，但是出于某种目的，也会很自然地表现出喜欢的样子。他们的热情包含着太多目的性，有着太多的不真实，所以如果遇到这种人，我们要么避开，要么也要学会"演戏"。

无论如何，我们都不要被这种人的表象蒙蔽。他们受欢迎，很可能是用撒谎来成就的，扯开谎言的包装，也许便是丑陋的真相。

如果你不能做到英明地识破他们的谎言，或者对他们的受欢迎有着很强的免疫力，那么也不妨学会隐藏自己的情感，学会"以毒攻毒"来保护自己。

生活中，如果你不能做一个善于隐藏自己情感的好演员，那么不妨做一名出色的观众，冷静地看待身边那些戴着各色面具的人的演出，这也未尝不是一种生存的哲学。

"眼色"是交谈中最应关注的重点

眼睛与心灵相通，一个人心有所变，眼睛也会随之变化，
于是我们便有了识人辨人的一大利器，
即察"眼"观色，望其眼色，便可知道其心中所想。

童话《木偶奇遇记》中有一个木偶叫作匹诺曹，他有个爱撒谎的坏毛病。仙女为了重罚他，在他每次撒谎的时候，就让他的鼻子变长。很多大人都拿这则故事吓唬过小朋友，不过吓唬得多了，连小朋友都知道，这种事在现实生活中是绝对不可能发生的，说谎根本不会对鼻子的长度有任何影响。

那么，说谎者的谎言是不是就只有天知地知、无从识别呢？

答案是否定的，就像动画片《名侦探柯南》中的柯南经常说的一句话："事情的真相只有一个！"虽然说谎绝不会让说谎者的鼻子变长，却会引起他身体诸多部位的微妙变化。通过对这些细微变化的分析，我们就可以发现事情的真相。

比如我们经常在电视剧中看到这样的片段：男主人公半夜晚归，被愤怒的妻子抓个正着，于是就撒了个谎，称自己在加班。妻子通常都会

说："看着我的眼睛！你到底去哪儿了？"于是男主人公露出了马脚，谎言败露。所以，判断一个人有没有说谎，最有效的方法就是看这个人的眼睛。

有人说说谎的人不敢看对方的眼睛，会躲避视线，那你就太低估说谎人的智力了。高超的撒谎者不但不会回避对方的眼神，反而更需要眼神交流来判断你是否相信他说的话。面对这样的强敌，我们如何才能从眼睛的变化来判断他有没有撒谎呢？

首先，我们可以观察眼睛瞳孔的变化。当一个人必须用说谎掩盖些什么时，心中难免会产生情绪波动。这种情绪会带动交感神经，使人产生瞳孔放大、心跳加快、血压上升等身体上的反应，并且这种反应是客观的，不能用人的主观意识去控制，测谎仪就是依据这个原理发挥作用的。

观察瞳孔是否放大，除了可判断对方有没有说谎外，还有另外一个作用。当一个人面对自己的心上人时，也会因为爱意萌发而产生瞳孔放大的现象。即使他嘴里说着不在乎，他的眼睛也会出卖他的心。如果不信的话，可以马上去试试。

其次，眼球运动的轨迹也是判断对方有没有说谎的重要标志。心理学把眼球转动的轨迹分成六个位置，分别是：右上、左上、右中、左中、右下和左下，每个位置都有其特定的含义。

科学家们通过大量实验证明，眼睛的右边代表将来，左边代表过去，上边代表视觉，中间代表听觉，下边代表感觉或理性思维。所以当说话者眼睛转向左上方时，表示他的大脑正在进行视觉上的回忆；眼睛转向左中方，表示他在进行听觉上的回忆；眼睛转向左下方，表示他正在进行一些理性思考；眼睛转向右上方，表示他在思考未来；眼睛转向右中方，表示他在想象一个声音；眼睛转向右下方，表示他在体会一种身体上的感觉。

你可以根据这些，向说话人询问一些必须依靠回忆才能想起来的情节。如果对方对答如流，很可能是他早已想好的应对谎言；如果他的眼睛向上再向左转动，说明他可能真的在回忆；如果他的眼睛先向上再向右转动，那么他很有可能在说谎。

最后还要提醒大家，要想当一个明察秋毫的"识谎好手"，不是一件简单的事。观察眼睛的变化只是一种辅助工具，要获得更多的信息，还要注意联系周围的环境、对方说话时的神态，甚至是你一瞬间的直觉。如此这般，才能掌握更多的证据，一举攻破对方的心理防线，发现更多的秘密和真相。

别让他的表情骗了你

/
一个人有表情或者毫无表情，并不能说明他的真实心理，
要明白他的内心的真实状况，就必须学会揭开他的面具。
/

　　生活中我们经常碰到这样的情况，有的人在面对一件明明足以让他情绪波动很大的事情时，却能够表现得镇定自若、面不改色。我们常常说这种人铁石心肠，是冷血动物，是毫无感情的人。然而事实上真的如此吗？

　　人是有感情的动物，看上去冷血、心如铁石的人同样有感情、喜好和厌恶。很多时候，他们只是不想把内心的情感通过表情表现出来罢了，这或许仅仅是他们的一种想隐藏情绪的逆反心理。

　　其实越是重视感情的人，越是不会轻易将自己的内心情感表现出来。因为他们或许曾经因此而受到过伤害，或许本身就害怕受到伤害，所以宁愿选择隐藏情绪，也隐藏自己的脆弱。

　　喜欢金庸武侠小说的人都熟悉《天龙八部》里面的大英雄萧峰，他永远是一张冷冷的脸，即使面对自己最爱的女人，也永远是一副拒人

于千里之外的模样，面对江湖恩怨，更是毫无表情。但是当他真的爱上了、失去了呢？他的心痛怕是多情的段誉和痴情的虚竹都无法体会的。

如萧峰这类的人，他们因为曾经的伤害，因为本身不善于表达感情，即使内心对某个人、某些事感情澎湃，也会因为逆反心理而选择默默地隐藏。他们没表情，绝不代表他们没感情。

记得有一次上销售培训课，老师问过大家这样一个问题：你觉得什么样的人最可怕？最后，老师得到的答案是：没有感情的人。

感情永远是人最致命的弱点，英雄难过美人关，往往不是因为美人太美，而是英雄因为美人有了感情。吴三桂冲冠一怒为红颜，丢了大好江山，不仅因为陈圆圆是这样一个美女，更是因为他和陈圆圆之间的那份情。所以没有感情的人才是最可怕的。

我们总是在试图找到每个强者的弱点，也总能找到，无论他是高高在上的上司，还是难缠的客户。这是因为人都是有感情的，只不过他们总会选择一个面具将自己的真实情感隐藏起来而已。并且当某个人越是强烈地想隐藏自己的情感的时候，他就会出于逆反心理，选择和自己的真实情感背离得越远的面具。就像越是平静的海面，海底越是水流暗涌，黑夜中最暗的时候过去了就是黎明，最美的兰陵王选择的却是最丑陋的面具……

那么当我们遇到这种人的时候，又该如何应对呢？

首先，不要被这样的人的外表吓倒。他们或许只是给你设了一道心理防线，让你看不到他们最真实的想法，但他们也是渴望被人理解的。所以面对这样的人，要试着去接触他们，突破他们的心理防线，走进他们的内心。

其次，这种人有很强的逆反心理，面无表情只是他们保护自己、防备外界的方式。你如果不能读懂他们的真实想法，只是一味地想强硬地接近他们，就只会让自己受伤，也只会让他们对你防备得更严密。所以最佳的方法是找到他们真实的想法，突破他们的防线，让他们自己摘下面具。

最后，只要够细心，总能发现一些不同之处。我们要注意的是，或许有时候人在职场中混得久了，会变得老练，喜怒不形于色，但是要知道，人在面对和自己有关系的人和事的时候，是不可能真的做到无动于衷的。所以只要你细心观察，总能发现蛛丝马迹。

兰陵王的恐怖面具下可能是俊美的容颜，可能是火热的心，可能是仇恨的眼神……表情永远只是表面的东西，它可能真实地反映人的内心，但也可能有这样一种情况，一个人脸上明明在哭，内心却在笑。要想真正了解一个人，就要记住：别相信他的表情，但请相信他也有感情，在他表情隐藏下的内心，永远有着最真实的情感。你能否走近他，就要看你能否走进他的内心。

注意他的脚：那是最真实的信息

/

眼睛是心灵的窗户，但是你知不知道，脚也是心灵的窗户呢？

事实上，通过一个人的脚的活动，你能获得很多真实而有用的信息。

一个人就算再怎么想隐藏自己，他的脚也会在不经意间透露他全部的秘密。

/

　　英国心理学家莫里斯经过研究，发现了一个很有趣的现象，"人体中越是远离大脑的部位，其可信度就越大，离大脑中枢越近，反而越不真实"。听完这句话，也许你会感到好笑，那岂不是说人的脚是最诚实的了？

　　对，就是这样，因为人的脚远离大脑，所以很容易脱离意识的控制。虽然人在有意识的状态下常会刻意注意某些部位，以免让身体下意识的动作出卖自己的真实想法，然而脚这个远离大脑中枢神经控制的身体部位，却很容易脱离思维轨道。

　　我们与人相处时，如果不是刻意去注意，一般来说总是对人的脸部表情比较敏感，很少有人会想到一个人的脚会透露什么秘密。然而恰恰是因为每个人都怀着这样的想法，所以在人们刻意隐瞒某些秘密、情感、真实想法而处于精神高度紧张状态的时候，脚反而会被人遗忘，从而诚实地"告诉"我们这个人内心的真实想法。我们姑且称之为"脚语"吧。

如何通过"脚语"去判断一个人是否在说谎，或者他究竟想表达什么呢？

方法其实很简单，脚也有自己的习惯性动作，从而形成一个人独特的"脚语"。如果一个人高兴，他的脚步就会很轻盈；当一个人心情烦闷，他的脚步就会很凌乱；当一个人心情沉重，他的脚步就会很沉重。这些都是最简单的"脚语"。

有这样一个小故事：一家公司的老板让两名漂亮的女职员用一小时的时间去公司所在的那条街上，向陌生男人索取电话号码，看谁要到的电话号码多。

两名女职员打扮得漂漂亮亮，来到街上。女职员甲抱着笔记本，急切地在不同的男人间询问着；女职员乙却只是在大街上慢慢地走，走了大概十几分钟后，就转身进了一家咖啡厅。

一小时后，两名女职员都回来了。女职员甲已经大汗淋漓，脸上的妆容也花掉了；而女职员乙却还是一脸从容的样子，虽然可以看出脸上的妆有明显补过的痕迹，但和出去时并没有太大区别。老板再看看两个人要到的电话号码，女职员甲仅要到几个，女职员乙却要到了长长一列电话号码。

老板让两个人谈一谈各自的想法和做法。

女职员甲叹了口气，说："我跑遍了整条街，向每一个可能会给电话号码的男人索要，但是很多人并不愿意搭理我。"

女职员乙轻轻笑了笑，说："其实很简单，当我在街上走的时候，我发现这条街上的人大多是脚步匆匆的上班族。我猜想这些人肯定不太愿意停下脚步，所以就只是选择了那些走路缓慢的几个人。然而当我再观察周围时，我又发现这里有很多咖啡厅，许多人在咖啡厅里休息、谈生意、会客，于是就走了进去。每当我站到一桌人附近时，就会发现虽然很多人都在专心致志地做自己的事情，但是他们都会在几分钟后不由自主地将脚尖的方向冲着我站立的方向，也就是说其实他们每个人都在注意我。他们的专心致志只是一种假象，真情被他们隐蔽起来，但他们的脚语却把他们各自的秘密泄露了。所以当我向他们走过去的时候，他们仿佛早已做好了准备。"

在社会上打拼的人们经历过诸多事情的历练，很多时候都可以很自然地做到隐藏自己。但是脚步匆匆的他们往往忘了从头到脚全面封裹自己，如果你能够仔细观察，一些秘密就会通过"脚语"泄露出来。所以当我们面对一个人时，不要总是只相信眼睛是心灵的窗户，也不要被他华丽的"外衣"所欺骗，仔细盯着他的脚看一看，竖起耳朵听一听他脚底发出的声音，相信你会听到你想知道的真实话语。

重要的不是他是否撒谎，而是为什么撒谎

假如送给你一项能力，使你可以洞穿世上所有的谎言，你是不是渴望拥有呢？

当然本书并不能送给你这项能力，但本书会告诉你，

拥有这项能力的人一生都会痛苦不堪，因为"truth or happiness, never both"。

在美国电视剧《别对我说谎》中，主人公莱特曼是个天才的心理学家。莱特曼凭借自己对微表情的分析以及对人性、心理的熟悉，几乎能洞悉世上一切谎言。他曾说过一句很有趣的台词："truth or happiness, never both"，意思就是说真相与快乐不可兼得。

电影中如此，生活中更是如此，有时候真相和快乐就好像摆在你面前的鱼和熊掌一般不可兼得。那么，在面对真相和快乐时，如果你需要做出抉择，你是选择快乐，还是选择真相呢？

一本小说中讲过这样一个故事，一个老人有一天突然怀疑自己得了绝症，于是整天闷闷不乐。儿子了解到他的心事之后，为了让他放心，就带他到朋友工作的医院做了全面检查。

两天后，儿子到朋友的办公室取父亲的化验单，朋友将两份化验单放到了他的面前。他告诉老人的儿子，出于朋友道义，他给朋友准备了

两份化验单，一份叫作快乐，一份叫作真相。听完朋友的话，老人的儿子毅然拿走了那份叫作快乐的化验单。他知道已经年过八旬的父亲更需要的是快乐，而不是一个带给他更多痛苦的真相。

十年后，当儿子在父亲临终前告诉父亲自己欺骗了他的事实时，父亲笑了，轻轻地说："十年里我一直很快乐，不是吗？我又活了十年，比医生预期的时间还要长，不是吗？"

有人曾经问过这样一个问题："人活着是为了什么？"答案其实很简单，无论你是达官贵人，还是平民百姓，谁的一生不是在追求快乐？在快乐和真相面前也是一样的，有的人一生追求真相，却一直生活在痛苦当中。有的人一生糊涂，却得以快乐终身。人活着贵在快乐，有时候重要的不是他在撒谎，而是他为什么要撒谎。如果有些谎言不是出于恶意，也不会造成什么严重的后果的话，我们又何必非要执着于一个痛苦的真相呢？

谎言并不可怕，现代社会，随着科学技术的进步和人们知识水平的提高，要识别谎言其实很简单。通过美国心理学家艾克曼制作的一张价值20美元的光盘，或者12美元的网络课程，你就可以很快学会揭穿他人的谎言。但也正如莱特曼所说，真相和快乐不可兼得，真相带给你的是痛苦还是快乐，这是未知的。

金庸武侠小说《天龙八部》中的萧峰一生都在寻找一个真相，可结果呢？萧峰被武林人士排挤，他最爱的女人被他在无意中亲手杀死，最后他只能以自杀了结一切是是非非。《洗冤录》里的宋慈呢？不是在面对真相和快乐时，也曾拷问过自己，是否执着地要查清案情的真相？我们不是英雄，也不用背负查清命案的责任，我们只是普普通通的人，那么为什么不让生活简单点呢？

然而人人都有猎奇心理，更不喜欢被谎言欺骗，所以才说难得糊涂。明察秋毫固然是好事，但是当我们选择明察秋毫时，也要学会明确分析对方的撒谎动机。如果你不能做到难得糊涂，就要学会在知道真相后消化真相背后的痛苦。

有人曾说，有时候谎言的价值要比真相高得多。一个谎言可能让你得到你一辈子都在寻求的东西，而一个真相却可能夺走你的一切。那么，当我们发现他在向我们撒谎的时候，为什么不先思考一下他为什么要撒谎？如果对方的谎言仅仅是要让你快乐，那么谎言的价值岂不是用太多的真相也难以等价的？

不违反原则地装傻也是保卫幸福的武器

谎言真的面目可憎吗？或许你不知道，谎言有时也是必要的，谎言也可以很美丽、很动人。
这就是善意的谎言。如果你明白这一点，
那么撒谎的人也会显得难能可贵，而令我们难以拒绝了。

　　我们经常被告知，与人相处要诚实守信，诚实才是最可贵的品质，骗人是不好的。然而有一天，我们却突然发现，原来并不是所有谎言都是不好的，有一种谎言要比诚实更难能可贵、更美丽，那就是善意的谎言。因为有时候善意的谎言是并不违反原则的装傻，是我们用来保卫幸福的武器，是值得我们用心经营的比诚信更珍贵的东西。

　　有时候谎言并不一定代表背叛。谎言固然不好，但是善意的谎言却是某人的良苦用心。有些事情只要不违反原则，如果用善意的谎言来表达是对对方的一种尊重和着想，而不是伤害，那么它并不仅仅意味着欺骗，更意味着一种深情，一种期望，它只是一种让事情得到圆满解决的方法。

　　谎言原本代表欺骗，然而善意的谎言却因为它的善意而有了另一种美。甚至有时候我们不得不承认，生活中是需要善意的谎言的。

故事《最后一片叶子》中身患绝症的小女孩虽然被老画家精心绘制的绿叶欺骗了，但是她却奇迹般地痊愈了。电影《善意的谎言》中，在第二次世界大战期间的波兰小店主雅各布不断想方设法编造苏联红军胜利的消息，给绝望的犹太同胞以活下去的勇气与希望。他是受尊敬的说谎者，他用善意的谎言告诉人们：每个人心里都可以有一个辛德勒。

如果谎言可以对抗病魔，如果谎言可以对抗暴政，如果谎言可以让人幸福，那么面对这样的谎言，我们为什么不装一下傻，欣然地接受呢？当身患重病的友人忧伤地躺在床上，茶饭不思时，我们对他说："哥们儿，没事，医生说你很快就可以和我们打球了。"我们的一个善意谎言既可以让朋友安心、快乐，又能表达自己对朋友美好的祝愿，何乐而不为呢？同样，当我们身处这样的境地，听到朋友的这种安慰之词，明知朋友的话是欺骗自己的善意的谎言，是不真实的，但如果欣然应对，适当地在朋友面前装傻，给朋友一个安心的谎言，又何尝不是对朋友的安慰呢。

善意的谎言是美丽的，善意的谎言同样有着"化腐朽为神奇"的力量。善意的谎言不是居心叵测的欺骗，不是用心经营的陷阱，不是置人于绝境的骗局……善意的谎言可以改变一个人的生活态度，可以挽救一颗即将死去的心，可以让一个人的心智愈益清明。善意的谎言是一个永远感人的不会褪色的美丽故事。

很久以前，有一个女孩刚生下来眼睛就瞎了，她的世界里只有黑暗。但女孩一直很快乐，因为母亲告诉她，她是村子里最漂亮的女孩。但只要看得见的人都知道女孩很丑，只是她从不曾听到而已。转眼间，女孩到了出嫁的年龄，母亲从邻村找了一个断臂的男孩做女孩的丈夫，并告诉男孩她只有一个要求，那就是永远要告诉女孩她是村子里最漂亮的。

男孩答应了女孩母亲的要求，和女孩结婚了。新婚之夜，男孩在女孩的耳边轻轻说出了女孩母亲交代的话，女孩听完后，羞涩地低下了头，说："母亲告诉我你是最英俊的小伙子，是吗？"男孩看着羞赧的女孩，拉着她的手回答："是的！"

女孩在男孩善意的谎言下活得比没有出嫁前更快乐、更自信了。不久，女孩怀孕了，生下了一个漂亮的儿子。在儿子懂事的时候，男孩告诉儿子："孩子，你要记住，你的母亲很漂亮，她永远是世界上最漂亮的母亲。"

女孩一生都是幸福的，她的幸福是母亲、丈夫、儿子用善意的谎言建筑的城堡，而她一生都是生活在城堡里的骄傲公主。

是啊，诚实是一种良好的品行，但是在现实生活中，很多情况下我们必须学会撒谎。那些不违背原则的善意谎言能让我们、爱我们的和我们爱的人生活得更好，让我们的故事更感人。

第三章

这些话让你看透人心

社会交际变得越来越复杂，而交际的媒介之一——谈话，也变得越来越"水分化"，真真假假，虚虚实实。然而无论这些话怎么变，都逃离不了一些永恒不变的原则，通过这些话，你完全可以看透讲话者的心。

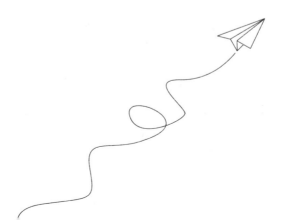

人爱讲大话，而且比自己意识到的讲得更多

/

讲大话，与骗子无异，虽然他有时可能只是骗取一些面子。

这类人只可浅交，不可深处，如果听信其言，那受伤的只能是我们自己。

/

　　对于某个爱说大话的人，每每提起他，人们总免不了嘲讽几句，"他呀，十句话有八句不靠谱，就会吹牛"。于是我们下意识地给他扣上了不可信的帽子。其实细细想来，我们又何尝不是经常为了某些目的，对自己说的话进行加工，说一些大话呢？有时候是因为自尊心强，好胜心切，把话说得大大的，以压倒对方来维护自尊；有时候是因为虚荣心强，不甘人下，以说大话来平衡自己的心理；有时候是因为富于幻想，以致说出一些异想天开的大话。

　　一些明星为了维护自己完美的公众形象，或者为了保护自己的隐私，会有意无意地夸大自己的形象，进行一些不切实际的宣传。恋爱中的男人为了在女友面前展示自己优秀的一面，总是信誓旦旦地说出一些承诺，缥缈也好，夸张也罢，只要能使女友开心，也不会去追究这话中有多少"水分"。甚至一些政客也是讲大话的忠实粉丝，为自己的升迁

铺路，于是讲一些脱离实际的大话，也就不足为怪了。

曝光率越高的人物，他们讲大话时，就会引起越多的关注，遭到越多人的抨击。而当我们用冷静客观的态度来看待这些事情时，就会惊奇地发现，为了树立自己在别人心中的美好形象，我们讲的大话较之于大人物又有何区别呢？怕是比我们自己所意识到的还要多吧。

公司里有一个小伙子，大家都叫他小张，手脚勤快，头脑灵活，办公室的同事们都很喜欢他，有什么事总喜欢找他帮忙，他和大家也相处得很愉快。但是一天上午，同事小李垂头丧气地找到我，要我帮他出主意，一问才知道，原来昨天小李正因为笔记本电脑出故障而愁眉不展时，小张自告奋勇要帮他修理，并说在大学时经常自己修理电脑，这点小问题，一会儿就搞定。小李看小张说得有板有眼、自信满满，也就放心地把电脑交给了他。没想到当小张兴冲冲地把电脑交还给小李时，小李发现电脑里重要的文件都不见了。原来小张修电脑时不小心把文件弄丢了，这让他很气愤，也觉得很无奈，现在电脑虽然修好了，可是文件没了，这修好还有什么用啊？

听了小李的抱怨，我感触良多，人都是爱讲大话的动物，而且往往比我们意识到的更多。为了某种目的，往往通过讲大话这种方式做掩饰。或许我们不能简单地去评价这其中的对与错，但这归根到底还是诚信问题。不管是善意，还是恶意，讲大话、放空炮都是不良习惯。

一定不要轻易许下承诺，答应别人的事就要想办法做到。同时还要学会倾听，善于倾听，不要别人说什么就是什么，要善于分析，去伪取真，听懂别人大话背后的意思，这样才不会被别人的大话蒙蔽。

曾国藩曾说过："实者不说大话，不好虚名，不行架空之事，不谈过高之理。"说的是真正做实事的人，不喜欢说大话，不喜欢高谈阔论。

我们要尽量避免自己说大话，而招致别人的反感。对于那些爱讲大话的人，最好敬而远之。

从语速、谈吐方式判断对方是否性急、易怒

/
谈话高手往往能做到话里有话、弦外有音，
殊不知一个人的语速以及谈吐方式其实也包藏着诸多秘密，
这些秘密也可以助你看透人心。
/

古人云："内心外于行。"外于行最大的表现就是人的语言，一个人谈话的内容，谈话时的表情，谈话的态度，是最能体现一个人内心世界的窗口。然而我们都知道口是可能心非，一个人说出来的话可能是真实的，但也可能是谎言，甚至说话时的表情、态度，都有可能是骗人的。

电影《非常完美》中有这样一段情节。由章子怡扮演的苏菲为了抢回自己的前男友李杰夫，故意接近李杰夫的现任女友王菁菁，结果被王菁菁识穿了。王菁菁为了报复苏菲，故意假装上当，主动约苏菲一起去攀岩，表面上对苏菲又是温柔同情，又是体贴照顾，令苏菲感动不已。

然而苏菲却没有想到，王菁菁作为一个演员，她的表演天分了得。就在苏菲自以为已经骗到王菁菁，得到王菁菁信任的时候，王菁菁却在

苏菲的攀岩保护设备上动了手脚，将苏菲摔进了医院。

当时看完这段，就觉得苏菲真傻，王菁菁怎么可能对一个仅见了几次面的人那么好呢。她可是演员啊，什么样的人没见过，什么样的故事没听过，什么样的戏没演过，要论表演，她可是专业级的。所以苏菲才会妄图"骗人"，反倒被骗。

其实只要我们有心，总能在一个人说话的时候发现端倪。这要求我们不要只是听对方说话的内容、语调、语气、态度，还要学会从一个人的语速、谈吐方式上判断对方是否处于性急、易怒的状态，从而判断说话内容里掺了多少水分。

一般来讲，说话语速缓慢的人都是慢性子，这种人不会轻易生气。但是如果这种人突然语速加快，那一定表示遇到了很急的事情，这时候就千万不要去招惹他，否则这种人发起脾气来可是很吓人的。

同样，语速快的人一般都比较性急，大多活泼外向、能言善辩，这种人也容易生气，但是脾气来得快也去得快。而语速快的人，如果在某件事情上或者面对某个人时语速慢了下来，则表示他对这件事情、这个人很不满意，或对对方有敌意。

有位评论家曾说："在外做了亏心事的男人，回到家里面对妻子必定滔滔不绝。"从心理学的角度来解释这种现象，是因为人在恐惧或者不安的时候，言谈速度会不自然地加快。人会借快速讲述一些毫无关联的事情，来排解心中压抑的恐惧和不安。因为当时不能很好地整理思路，加之内心紧张，往往会使谈话内容空洞无序，也就是我们通常说的不知所云。只要我们留心，就能窥探到一些迹象，这就是语速透露给我们的秘密。

再说谈吐方式，从谈吐方式上同样可以判断一个人是否性急或者易怒。说话幽默风趣的人一般没什么脾气，他们是那种做事不急不躁的人，更懂得享受生活和办事的过程，而不是单纯地去完成一件事情。那些说话委婉的人一般也不会轻易生气，办事不喜急躁，但是这种人如果真的生气起来，则是很容易记仇的。说话直爽的人则不然，他们做起事情来性子急，也易怒，但他们的性急和易怒都是有针对性的，是短暂的，当这件事情过去后，就会恢复亲和的态度。

当然，谈吐方式还有好多种，其中包括说话时是喜欢手舞足蹈，还是安安静静地陈述。这些都能反映一个人是否性急、易怒，只要我们用心分析，就能找到适当的处事方式。

语速、谈吐方式都是我们获取对方信息的方式，只要留心观察、客观分析，就能在与人相处中既能看到对方的实际态度、想法，又能找到与之相处的最佳方法。

如何从他人的话语中找出自己需要的信息

越是腹中草莽的人，越是多言，这种人其实帮了我们的大忙，
他们在不经意的话语间，已经向我们提供了无数信息。
我们无须刻意去偷窥旁听，仅仅是他平时的一言一语，
很多有价值的信息就已经流露出来，就看你能否挖掘得到了。

古人云："言多必失，沉默是金。"当今社会，很多人都把这句古训当作自己说话办事的准则，然而总还有一些冒失鬼，说话不分场合、不分身份地张口就来，想到什么就说什么。这种错误往往发生在年少不懂事、社会经验少的人身上，有时候看到他们越说越起劲的样子，真是感到无可奈何。

在同一间办公室工作的同事每天相处的时间最长，谈话可能涉及工作以外的各种事情。许多爱说话、性子直的人，喜欢在别人背后议论纷纷，只要人多的地方，就会有闲言碎语。有时候你可能会不小心成为"放话"的人，有时候你也可能是别人"攻击"的对象。这些耳语的内容，比如领导喜欢谁，谁最吃得开，谁又有绯闻，等等，就像噪声一样影响人的工作情绪。但是反过来想一想，人之失言，我们可以批评、指

责，甚至唾弃，但那一定要是心中真实的想法，千万不能追随大流、人云亦云，在"众口铄金"的快意中迷失了自我。在"言多"的人面前，我们应该学会从他人的话语中找到自己需要的信息。

一度热播的情景喜剧《爱情公寓》中就有这么一段。情人节那天，陆展博鼓起勇气向宛瑜表白，不料宛瑜拒绝了，并要在当晚去香港出差。本来憧憬了很久的浪漫之夜，只剩下展博一个人享受了。

酒吧里，好友子乔喋喋不休地教展博如何做一个忧郁的人来吸引女孩的目光。这种忧郁的确引来了一个美女的搭讪，然而展博觉得很不适应，和人交往就应该自由一点，随意一点。子乔见状，就苦口婆心地劝他，说这美女可是一个空姐，并且是他们航班的"班花"，平时这样的美女，连她的车尾灯都看不到，今天刮台风，机场关闭，航班取消，才会一个人在这里过情人节……子乔还在自顾自地说个不停，展博却从这话中得到一个重要信息：台风，航班取消，那宛瑜肯定也没走。于是他跑回公寓去找宛瑜，而宛瑜也意识到自己已经爱上了展博。就这样，一段美好的爱情在情人节开启了。

试想一下，如果当时展博毫不客气地打断了子乔的长篇大论，或者对他的"多言"充耳不闻，那么他就不会从子乔的话中听到对他有用的信息，他和宛瑜的缘分或许就要到此为止了。可见学会从他人的话中找到关键信息有多重要。

那么到底该如何从"言多"中找出自己需要的信息呢？

首先，一定要有主见，不要人云亦云。

我们要清楚自己的身份，明确自己的立场，要明白我们想从他人的言语中获得什么样的信息，是关于一个人，还是关于一件事。

其次，要学会用辩证的眼光看问题，不要主观地认为言多必失。

不要一开始就对喋喋不休的人表示反感，如果对对方说的话感兴趣，就用眼神或者询问的方式鼓励他说下去；如果是自己不关心的话题，就要及时让对方转移，一般这种喜欢说个不停的人，看到对方对自己说的话有兴趣，就更会侃侃而谈，这样你想不得到自己需要的信息都难。

最后，要对听到的信息进行整理核对，不要偏听偏信，以免让自己陷入进退两难的地步。

当然，当我们从别人口中知道某些秘密时，要懂得看穿但不说穿的道理，做到自己心里有数就行了，不要像个大喇叭似的到处广播。要知道我们获得的信息是用来为自己所用的，而不是用来宣传的。

相信他的话，你就大错特错了

/

越是有想法的人，往往说话越谨慎，他的话里往往也都藏着东西，
这时就不能仅从言语、表情去判断一个人的内心世界了，
这类人也是我们最需小心的。

/

有人问，世界上什么东西最长，有人回答说是人心。又问什么东西最短，回答也是人心。再问什么东西最复杂、最坏，回答还是人心。所谓"人心隔肚皮"，人上一百，各色各种，世界之大，无奇不有。人心都是肉长的，但是人和人的内心却千差万别，也许正是这不一样，才构成社会和历史吧。

生活与工作中，我们要掌握善与恶的标准，学会判别各种各样的人。然而真正能体会"人心隔肚皮"的真谛，又谈何容易！有人说可以从别人的话中猜出这人在想什么，真的吗？

不可否认，语言有时候可以透露一个人的内心。比如，如果一个人在团体里说话时一直在强调"我"，那么就说明这是一个过于自信而且自我意识又很强的人，也可以看出这个人自我表现欲望的强烈，独立性、主体性比较强。如果他在团体里喜欢用"我们"，则此人就比较没

个性，属于团体埋没型和附庸型。再或者，平常大家很熟的人，说话通常不会客套；但是如果一个很亲密的人，说话突然变得很恭敬，那就要注意了，很可能这时他的内心已存在严重妒忌、敌意、轻视或戒心。

《红楼梦》第十一回"庆寿辰宁府排家宴，见熙凤贾瑞起淫心"中就有这样一段描述。凤姐儿正自看园中的景致，一步步行来赞赏。猛然从假山石后走过一个人来，向前对凤姐儿说道："请嫂子安。"凤姐儿猛然见了，将身子往后一退，说道："这是瑞大爷不是？"贾瑞说道："嫂子连我也不认得了？不是我是谁！"凤姐儿道："不是不认得，猛然一见，没想到是大爷到这里来。"贾瑞道："也是该我与嫂子有缘。我方才偷出了席，在这个清净地方略散一散步，不想就遇见嫂子也从这里来，这不是有缘吗？"一面说着，一面拿眼睛不住地觑着凤姐儿。

聪明如凤姐儿，早已从贾瑞的言语中猜透了八九分，从他的话中看出他内心的邪意。然而并不是每个人都像凤姐儿那么聪明，也并不是每个人都像贾瑞那样把内心的想法都通过语言赤裸裸地表达出来。

在现实社会中，有些人总会谨记"逢人只讲三分话，未可全抛一片心"的教诲，出于自保或者其他原因，甚至会说一些违心的话。这样一来，通过言语来了解一个人的内心，有时候又是不准确的。

在电视剧《青春期撞上更年期》中，小蕊在颖子面前一口一个姐，叫得那叫一个亲热，不知道的还以为是亲姐妹呢，却在背地里招惹颖子的男朋友。这样口是心非的人并不是少数，如果我们只听他说的话，不从其他方面了解这个人，那么上当受骗也就在所难免了。

语言能透露内心也好，掩饰内心也罢，通往心灵的路总是"蜀道难，难于上青天"的，最难丈量的是人心，此时也许很近，而彼时又会相当遥远。孔子曾经说过："不知言，难以知人也。"然而人心又是何等复杂，单单依据语言来判断是远远不够的。

人心并非不善，然而却心生疑惧、嫉妒、戒备、怨恨。在这复杂的世上，我们不敢呼吁人人坦诚相见，也不敢请人们丢掉防人之心，只愿这个世界能少一分算计，少一分伤害。

不管怎么样，我们自己要擦亮眼睛，不要被别人的甜言蜜语或者诬陷诽谤所蒙蔽，正如张居正所说："天下的事，贵在思虑详细，贵在力行，谋略在集中大家的思路，决断在自己。"

像学生向师长请教一般与对方交谈

在和别人交往时保持一颗谦卑的心，
放低自己的姿态，让对方觉得你是在向他请教，
他自然会敞开心扉，倾囊相授，
从而你也会收获更多。

　　古语有言"三人行必有我师焉""言之不文，行之不远"，都教导我们在和他人交谈的时候要有礼貌、要谦虚。有礼貌能够显示出你很有教养，有素质，同时也让对方感觉受到了尊重，也会礼貌待你。

　　小李最近总是郁郁寡欢，同事都不怎么和他交谈了。对于开始的时候都很喜欢和自己交往的同事态度突然发生这么大的变化，小李有点"丈二和尚，摸不着头脑"，因此十分郁闷。

　　当他把这些苦恼告诉好朋友的时候，朋友一针见血地指出了问题所在。"和你聊天的时候，你喜欢自吹自擂，而且不顾及别人的感受，只顾着向人家展示你自己的辉煌成绩，而且摆出一副傲慢的姿态，这很容易使别人觉得你狂妄自大，不符合中国人谦虚的交往风格，所以大家不喜欢和你交往。"朋友真诚地说。

　　小李的问题很多人都遇到过，对于初出茅庐的新人，妄自尊大是很容易犯的错误。有时候可能就是一个傲慢的扬眉动作，就可能使对方误会你骄傲。工作中你会慢慢发现，一个人的力量总是有限的，好人缘能够给你很大的帮助。而能够获得好人缘，最简单的办法就是在和他人交谈的时候态度谦虚，这不但能够帮你获得对方的好感，有时还能帮你渡过难关。

　　二战时法国著名作家杜拉斯，就以谦虚的态度使自己摆脱了困境。当时的杜拉斯参加了反维护希特勒政权的集会被警方追捕，因此她准备到小城格勒诺布尔暂避。

　　在火车上，她遇见了曾在报纸上抨击她的小说《无耻之徒》的法国演员布拉瑟。在包厢中，布拉瑟仍然对杜拉斯揪住不放，希望她能改进小说。杜拉斯并没有因为布拉瑟的批评而恼羞成怒，反而微笑着表达自己很希望布拉瑟先生能够不断为自己提出中肯的意见。布拉瑟对她的谦虚很吃惊，于是对她的态度发生了很大的转变，两个人热烈地交谈起来。

　　突然，两个军官来查证件，他们认出身为演员的布拉瑟，并表示很喜欢他的表演。其中一位军官似乎认出了杜拉斯，布拉瑟见状搂住杜拉斯的肩膀，介绍道："这是我的太太，请允许我介绍一下。"就这样杜拉斯在布拉瑟的帮助下渡过了难关。

　　细想一下，如果杜拉斯面对布拉瑟刻薄的批评怒起反抗，也许在面对两个军官时，布拉瑟即使不会落井下石，也一定不会挺身而出帮助她。

所以，在和他人交谈的时候，我们要时刻保持谦虚，要像学生向师长请教一般与对方交谈，这不但能够使我们获得好人缘，也能从对方身上学到书本上学不到的知识，不断丰富自己的知识体系。

对此，小张深有体会。小张是一个谦虚谨慎的小伙子，和他人交谈的时候，他总是虚怀若谷，全神贯注，认真倾听，从不自吹自擂，胡乱夸奖自己，遇到自己不懂的地方，也会虚心请教，而不会不懂装懂，这使小张在同事和朋友之中很有人缘，大家都很喜欢这个谦虚好学的小伙子。他和别人交谈总是能够获得对方的信任和喜欢。"面对他人，谦虚的态度不仅使我受益匪浅，而且能够很快获得对方的好感。"小张腼腆地说。

在和他人交谈时，保持学生向老师请教的姿态，既能够满足对方的自尊心，使对方感觉到自己受到了尊重，同时也能激发对方交谈的兴趣。谦虚的态度不仅表现出我们自身的涵养，赢得对方的好印象，而且对自己的事业也有很大的帮助。

越是轻易获得的信息，越是不可信

/

免费的午饭吃不得，同样，轻易获得的信息也信不得。

不信？你可以试试看！多少人因为轻信他人而误入歧途，损失惨重，

可见任何信息都是需要我们反复斟酌的。

/

不知道你还记不记得有段时间曾红透好莱坞、斩获多项大奖的一部影片《贫民窟的百万富翁》，电影中有这样一段情节，它对人性进行了深刻的刻画。

主人公贾马尔参加了《谁想成为百万富翁》这档电视节目，前面的每一道题都顺利过关，然而在回答最后一道题目的时候，他遇到了困难，他根本不知道答案是什么。

在节目的休息时间里，贾马尔和主持人在洗手间相遇。主持人知道贾马尔不知道这道题的答案，不知道出于什么用心，在走出洗手间的时候，他将答案写在了镜子上。贾马尔看着镜子上的答案，不知道主持人为什么要帮自己。

节目进入了最后阶段，当主持人重复问题，请贾马尔回答时，贾马尔并没有按照主持人的提示给出镜子上的答案，而是做出了自己的回

答。然而结果却出人意料，贾马尔是正确的，他一夜之间成了印度的百万富翁。

为什么贾马尔没有选择相信主持人给他的答案呢？

也许是一念之间，也许是幸运，但我却很赞同《老梁故事汇》中老梁的解释：因为不信任。贾马尔的一生是不幸的，并且他这一生的不幸遭遇大多源于他的轻信。小时候的他因为轻易获得了一瓶珍贵的饮料，所以被骗入乞讨团伙；因为错误的信任，他失去了小伙伴拉卡；因为错误的信任，他失去了他的最爱；因为错误的信任，他眼看着自己爱的女人被自己的亲哥哥糟蹋……

成长经历告诉贾马尔：越是轻易获取的东西，越是不可相信。所以当他在面对主持人的提示的时候，他选择了不去相信，最终他成功了。

也许你会说这是对人性的批判，这根本是不可取的，但是生活于现实中的我们却不得不承认，生活中越是轻易获得的信息，越不可相信，这真的是生活箴言。

人们常说"世上没有免费的午餐"，人在社会中生存，尤其是生存于这个物质社会，要相信这句话：天上是不会掉馅饼的。对方轻易给你一些信息，这和天上掉下美味的馅饼有什么区别呢？要知道天上掉下馅饼，要么是在你捡的时候会出现陷阱，要么就是捡起来的馅饼根本就是腐坏的。最容易获得的信息也是如此，要么是将你推入失败深渊的陷阱，要么根本就是无用的垃圾。

对方为什么要让你轻易获得信息呢？恐怕很多时候是要迷惑你吧！他或者是想借助这些信息将你的思考引入错误的方向，让你做出错误的判断、错误的决定；或者是想借助你之口将错误的信息散播出去，好创造有利于他的环境。

不是我们不想选择信任，只是很多历史教训都告诉我们，越是轻易获取的信息，越是不可以去轻易相信，战场上如此，商场上如此，人际交往中也是如此。不要觉得我们是在以小人之心度君子之腹，我们只是不要一而再再而三地重蹈历史之覆辙。

要知道之所以发生"八百里火烧连营"，正是因为刘备轻信了轻易得到的信息；要知道正是因为项羽轻易得到了范增图谋不轨的信息，才导致了后来的大败；要知道《西游记》中的唐僧多次因为轻信轻易得到的信息，差点将自己的小命送掉。

做一个智者，必须时刻明白，越是轻易获得的信息，越是不可以轻易相信，商场、职场亦如战场。

永远不要试图发现别人不想告诉你的事

中国人向来信奉中庸之道，不可做得不够，也不可做得太过，恰到好处最为难得。
同样，探究他人也是要有尺度的，如果为了更深入地了解他人，
几近成了偷窥狂，那除了惹人生厌外，你再不会得到其他东西了。

古语有云："水至清则无鱼，人至察则无徒。"这告诉我们，极度的探究会失去自己内心的乐园，不要试图去发现别人不想告诉你的事情。

凡事不要太过深究，否则就会显得固执死板不灵活。金无足赤，人无完人，人都有自己的长处和短处，所以我们不必太过强求于人，得饶人处且饶人，也是一种处世之道。

南怀瑾先生常说："有些地方可以马虎一点。"这就告诉我们不要太较真。过于较真的人不好相处，不懂变通，过于拘泥陈规，得理不饶人，往往会使自己背离群体。同时，总是试图去发现别人不想让你知道的事又有窥探他人隐私之嫌，如何把握这里面的一个度，是我们最该注意的。

为人处世中的"度"字是最难掌握的。人都是有好奇心的，对于未

知的事物总是有强烈的求知欲，总想一睹为快，殊不知正是这一点，才让人与人之间的关系出现裂痕。

打个比方，一对恋人之间，如果凡事无论大小都要向对方说明，彼此之间一点个人空间都不存在的话，那磕磕绊绊就在所难免了，很可能这段恋情最后的结果是分道扬镳。

恋人之间如此，朋友之间更是如此，所以给彼此适当的私人空间，才更有利于双方和谐相处。

每个人都有不希望外人了解的个人秘密，不愿告人或不愿公开自然有他的原因。每个人心中都有自己的私有领地，不同的人有不同的秘密，可能是一片浪漫的风景，也可能是一汪苦涩的泪水。无论哪种，个人都有保留的权利，也该获得别人的尊重。

夫妻之间也存在不想让对方知道的事，对于夫妻间一方不想说的隐私，另一方千万不要去追问，给对方一个属于他自己的心灵空间。这不单单是相信他、尊重他，更是爱的表现。而有的夫妻之间总是互相猜疑，非得知道对方所有的过去才算满意，这不仅伤害了双方的感情，也是侵犯对方隐私的行为。更有甚者，吵架时把对方的隐私当成攻击利器，久而久之，造成对方心灵的壁垒，从此封闭自己，不再信任爱人。这样做，最终的结果当然是导致无法沟通，婚姻破裂，这不能不说是一种悲剧。

"Curiosity kills the cat."是一句有名的英文谚语，即俗话说的

"好奇害死猫"。在西方传说中猫有九条命，所以不会轻易就死去，而最后却是死于自己的好奇心，可见好奇心是多么可怕。这也是警告人们不要被自己的好奇心所害，打探别人秘密的行为，会让你失去别人对你的好感，也会让你生活在压抑中，最终害人害己。

三国时的杨修之死也许就是很好的说明。杨修自恃有才，屡次洞察曹操的意图，准确掌握曹操的心理动态。在杨修面前，曹操就像是被人扒光了衣服，所有的秘密都被一览无余。曹操生性多疑，他当然不愿意让自己的部下将自己完全看透，然而杨修却不懂得这其中的道理，不仅屡次看穿曹操做一件事时内心的真实想法，还把曹操的意图解释给别人听，杨修的死期自然也就不远了。

所以要让自己也让别人活得舒服，就永远不要试图发现别人不想告诉他人的事情。给别人的隐私留点空间，不仅能获得更多的尊重，也可以使自己生活得更轻松。这世界上有很多你不知道的事，不必刨根问底，有时候留点想象的空间反而更好。

第四章

化解他人敌意的
心理策略

当别人不理解你或者对你充
满敌意时，你很难达到自己的目
的。做个立场坚定的人，同时学
会示弱，是化解敌意的有效途径。

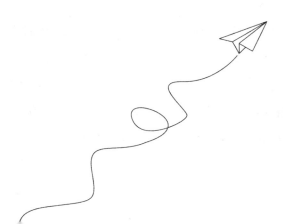

只有弱者才无敌人

弱者并非真的软弱，而是懂得示弱，以退为进。
正是这些被强者鄙视的人群，却能够很顺利地生存下来，
并取得了令世人意想不到的成就。

大家都听说过达尔文的进化论，简而言之就是一句话——"物竞天择，适者生存"，但是适者就一定是强者吗？

恐龙曾经称霸地球达1.6亿年之久，无任何生物能与其抗衡，结果却落得灭绝的下场。反而是弱小的蜥蜴能生存至今，不为其小其弱，乃是有强大的适应能力。不管敌人多么强大凶悍，它可以随环境变化不断地变换自己的肤色，在黄土地上，它的颜色是黄褐色的；在草丛中，它的颜色则是绿色的……

可是人要做到适应就不那么简单了。蜥蜴变色那是本能，而人在职场中、生活中要能如鱼得水，立于不败之地，要做的也是适应。适应不是一味逞强装能、炫耀才技，真正的成功者永远都是看上去的弱者。

弱者不弱，在于能以弱示人。中国古代大哲学家老子和庄子的思想里就始终贯穿着这条主线，即"弱者生存"。例如，老子说："上善若

水。水善利万物而不争，处众人之所恶，故几于道。"水，天下至弱，遇石石穿，遇火火灭，看似柔弱不堪，实则至刚至强。

示弱之道，在于藏、让、忍。善藏者会隐藏自己的目的和感情，展示给别人的是自己的不堪、无奈和不知所措，将自己的缺点不足和外表的无能透露给他人。

正如明朝大臣徐阶（1503—1584），他入阁后没有像杨继盛那样直接弹劾大奸臣严嵩，因为他知道在当时严嵩正获皇帝宠信，所以一旦出手，就一定要让严嵩没有翻身的机会，否则不但达不到目的，反而会让自己死无葬身之地。于是他选择了"藏"，隐藏自己的真心和目的，假意侍奉严嵩，即使同为宰辅，17年间也从未违背过严嵩的意思，并将自己的孙女嫁与严嵩的孙子，忍辱负重，藏忠示奸，终将严嵩扳倒，成为一代名臣。

善于谦让的人，就是会不争的人。如老子所说："圣人后其身而身先，外其身而身存。非以其无私耶，故能成其私。"这是典型的"居后不争"的态度，意在让人不要太锋芒毕露，应舍弃争先、争胜之心，抱定以退为进的处世态度，从而达到"夫唯不争，故天下莫能与之争"的效果。

提到"忍"字，不免让人想起汉初三杰之一的大将军韩信。当年的"弱"草民韩信忍了当年的胯下之辱，才有了日后统率千军万马、决定楚汉相争胜负的齐王韩信。然而西汉建立之后，作为开国功臣之一的韩信又是因为太过锋芒毕露，不知收敛，最终落得个死于女人之手的下场。历史就是这样无情地告诉我们，能忍一辈子的人才是大赢家，就如汉初时的另外一名大将张良，他功成名就后就退隐山林，身后荣耀令人钦羡。

借用孔圣人的一句话，就是"弱者无敌"。无敌的手段不一定是非要把自己变成强者，而是要学会如何将自己置于生存弱势的位置，尽可能适应环境变化，采取适当"示弱"的办法，以争取更大的生存空间。

历史上，春秋时期的越王勾践"示弱"过，越国被吴国打败后，勾践为了保存实力，向吴国称臣乞和，给吴王夫差吸疮以示弱。战国时期的大军事家孙膑"示弱"过，他命令齐国军队逐日减少灶的数量，先设十万个灶，过一天设五万个灶，再过一天设三万个灶，通过这种方式示弱，以麻痹魏国军队。汉朝的刘邦皇帝也"示弱"过，在鸿门宴上，他为了活命，借机从宴席上尿遁。最终他们都成功了，这也足以说明"示弱"是一种斗争的策略，是将弱势扭转为强势的有效手段。

所以说"弱"并不可怕，正是因为他们的弱，才没有招来别人的妒忌，才没有被无处不在的敌意包围。事实上最可怕的是外强中干、狐假虎威，就像墙根下的灌木丛和苔藓，门前的树木成材之后都被砍光了，而它们却都还在，因为它们"无用"，不招风，它们与世无争，所以活得很好！

"陌生人的敌意"是引起冲突的重要心理原因

面对陌生人时，人很容易产生焦虑、怀疑、敌对的心理，
这种对陌生人的敌意是阻挠我们与他人正常交往的一道篱墙。
如何拆掉这道篱墙，将是我们的必修课。

　　不知道大家有没有发现这样一个情况：一个小孩，即使是刚刚出生不久的婴儿，当他们面对身边突然出现的陌生人时，总会流露出不自然的情绪，或许刚刚他（她）还在笑，但看到陌生人后就会马上安静下来，并且这种情况随着年龄的增长有越来越明显的趋势。换一种情形，如果一个陌生人出现在孩子的面前时，先主动对孩子说一些甜蜜的话，甚至拿出美食、玩具，就能化解孩子对陌生人的敌意，孩子会很亲热地和陌生人相处。

　　人们对陌生人的防御心理是随着年龄、阅历的增加而增加的。在面对陌生人时，不谙世事的孩子尚且有如此戒备，可想而知成人更是如此。在成年人的世界里，对陌生人的敌意可是引致攻击和冲突的一个重要心理根源。所以当我们和人相处，尤其是在和陌生人建立人际关系的时候，一定要先化解对方对你的敌意。

　　在社会心理学家看来，当企业危机发生时，公众往往会对企业产生一种被称为"陌生人的敌意"的怀疑与警惕心理。公众借某一服务事故的发生，透视提供服务的企业存在的严重问题，继而产生重大的不信任感。

　　同样，当我们和周围人相处时，尤其是初次相处时，如果不注意化解"陌生人的敌意"，也是很容易引起矛盾和冲突的。要知道人都是需要安全感的，而陌生人之间的相处会大大降低其中的安全感，使两个人之间的相处存在不信任、恐惧、防范等心理，而这就很容易导致攻击和冲突。

　　那么我们要怎样才能化解这种"陌生人之间的敌意"，使两个人之间的关系朝着更亲密的方向发展呢？

　　俗话说，欲消其果，必先知其因。"陌生人的敌意"之所以会引发攻击与冲突，主要是因为面对一个陌生人时，人很容易产生三种心理情绪：焦虑、怀疑、敌对。所以要化解"陌生人的敌意"，就必须从以下三个方面入手。

　　一、化解焦虑感

　　和陌生人相处时，每个人都会产生一定程度的焦虑感，这是面对陌生人时每个人都会产生的情绪躁动，但是这种焦虑感却会影响两个人之间的相处。要化解对方的焦虑感，可以试着向对方多谈一点自己的情况，给对方充足的关于你的信息，这样就会慢慢让对方放下心中的顾虑，放心地和你交谈。

二、化解怀疑感

每个人在和别人交往时都会不由自主地想，他为什么要和我交往啊？是不是有什么企图啊？这是人自我保护意识的自然反应，所以要想和一个陌生人交往，建立和谐的关系，就一定要学会化解对方的疑虑，让对方信任你。要知道心存怀疑的关心是不可能长久发展的。

三、化解敌对感

因为焦虑，因为心存怀疑，对方就会很自然地对陌生人产生敌对感。记得我的一个朋友曾说过，当初他从北京调到武汉分公司做经理那会儿，无论他做什么事，都会很轻易地招来别人的非议，甚至他给下属下达的命令，相比较于其他经理，每次执行时都不会一帆风顺。因为不熟悉，因为害怕被新来的他炒鱿鱼，因为怀疑他的能力，公司的同事们总是对他有敌对情绪。虽然表面上客客气气的，但他明白背地里大家都拿他当公敌。为了打破这种局面，当时朋友很费了一番脑筋。

其实要化解陌生人的敌对情绪并不难，首先就是了解什么是对方期望的，为什么对你有敌意，然后有针对性地尽量按对方的意愿行事。其次，要以坦诚的态度化解对方的敌对感，要把自己的想法尽快透露给对方，让对方觉得你没有在隐瞒秘密。

对自己有明确定位，何必怕外界的风吹草动

有谁会不重视自己的自尊心呢？从古至今，多少人不惜用生命和鲜血来捍卫自尊，
这诚然可歌可泣，但是自尊真的脆弱到不容许任何伤害的地步吗？
或许有时我们过于看重自尊，反而丢失了一些更宝贵的东西。

美剧《老友记》曾受到很多观众的喜爱，其中有这样一个桥段。瑞秋问大家，如果要在性、食物、恐龙之间选择一样，你会选择什么？贪吃的莫妮卡毫不犹豫地选择了食物，而当问到痴迷古生物研究的罗斯时，他几乎是疯狂地脱口而出——选择恐龙。

我和朋友看完这段，笑过之后，朋友突然问我们，如果把自尊、生命、自强，甚至是房子、车子放在你的面前，让你去选择，你会选择什么呢？还记得当时我们正在忙着毕业，忙着找工作，忙着面对接下来马上就要进入我们生活中的一系列难题。当大家听完朋友的这个问题，刚刚还沉浸在搞笑剧情中的我们顿时安静了下来。一时之间，大家开始感叹生活的不易，最后有人义愤填膺地说了一句："其实有时候自尊就是一文不值的垃圾！"

很长一段时间过去了，现在回想起当时的情景，冷静下来的我不会

再那么激动地同意尊严一文不值，因为我对自尊有了更客观的认识。

还记得当我们激动地宣告自己的结论的时候，朋友给我们讲了这样一个故事。有一个学生，家里太穷了，高中毕业那会儿父亲又因病去世，所以那年他虽然考上了大学，但是最后也不得不放弃了。就这样，他早早地走入了社会。工作两年后，家里的情况有了好转，这时的他又幸运地考上了公务员。走上公务员岗位的他因为觉得自己学历远远不如身边的其他人，又没有背景支持，所以工作特别努力。单位里大小事务，他都会尽心尽力去完成，对领导尊重有加，对任何同事都真诚以待。就这样，他靠着自己的努力，在年底的时候竟然得到了单位的最高奖金。然而令他没想到的是，这竟然引起了流言，有的说是因为他拍领导的马屁，有的说他肯定是用了各种手段巴结上司，有的说他根本就是靠出卖尊严换取金钱……

虽然这笔高额的奖金大大减轻了他的经济压力，但是他却陷入了深深的不安。他是个好面子的人，要知道高中那会儿为了不让大家对他的处境表示同情，他宁愿选择隐瞒家里所有的不幸，也不愿接受贫困补助。要知道工作中即使再苦再累，他也从没在同事面前表现出一丝痛苦。在所有人看来，他都是一个"光鲜"的人。就这样，为了摆脱流言蜚语，为了维护自己的尊严，他毅然放弃了那笔奖金，放弃了这份别人挤破头都想得到的工作。

朋友告诉我这是一个真实的故事，然而无论真实与否，抛却了曾经的激动和义愤填膺，重新解读这个故事，我不禁感慨：自尊有我们想象的那么脆弱吗？

不，自尊没你想的那么脆弱。只要对自己有明确的定位，又何必怕外界的"风吹草动"。不知道朋友的那个同学是真的太在乎自己的尊严，还是根本从心里有对家庭、对自己身份的自卑，才选择用那么"傻"的方式去维护自己的尊严。

有人曾经告诉过我这样一句话：只有极度自卑的人，才会极度自尊。今天想起来好像真的很有意思，如果不是自卑，又为什么在乎外界的那些"风吹草动"呢？真正的自尊永远不是别人一两句讥诮、讽刺、流言就能夺走的。只有那些好面子、太过虚荣的人才会将自尊当作装点自己的易破碎的水晶小心地供养起来。

自古人人皆言仰不愧天、俯不愧地，那么我们为什么不能如此对待自尊呢？自尊没我们想的那么脆弱，只要我们无愧于心，只要我们认定了我们自己的目标，只要我们对自己有明确的定位，又何惧那些"伤人自尊的言谈"呢？

外界的侮辱也好，中伤也罢，只要我们认定了自己所要坚持的目标就可以了。如果为了一时的面子和虚荣心而冲动行事，不但不能挽回所谓的自尊，怕是还会失去更多吧。

避免恶性竞争

/

好勇斗狠的人总是希望自己能赢，然而不管他是赢还是输，最后他还是输了，
因为他为了最后的结果付出了远超过本应付出的代价。
一时的快感只会令人后悔不已。

/

竞争这个词谁都不陌生，现代社会到处充满竞争。在学校，学生为了取得好成绩相互竞争；在公司，员工为了升职相互竞争；在商场，商人为了利润相互竞争；在国际社会，国家为了利益相互竞争。

诚然，竞争能促人奋进，带给胜利者一定的利益与荣耀，但是谁都无法否认，竞争中总有失败的一方，失败者得到的就只有不屑与屈辱了。这样的结局不是人人所乐见的了，更有甚者，在竞争中两败俱伤。

2010年11月，360与腾讯两大公司之间展开了一场网络世界大战。先是腾讯公司发布了"举世震惊"的《致QQ用户的一封信》，让用户在腾讯QQ和360之间二选一。接着，360开始发动反攻，先是抛出马化腾购买经济适用房的新闻，又利用QQ保镖技术"劫持"了腾讯2000万用户。腾讯总裁马化腾开始回招，360掌门人周鸿祎也不甘示弱，就这样你来我往，各不相让。所幸最后国家工信部介入，"3Q大战"才暂灭战火。但

是双方的损失也是不可估量的，股票暴跌，用户流失，两家公司的行为更是引起了网络公众的强烈不满，其竞争的恶果在短期内难以消除。360公司与腾讯公司自食恶果，搬起石头砸了自己的脚。

竞争是好斗的内核，如果不是想一家独大，利用恶性竞争的手段打击异己，两大网络公司又何至于此呢？由此可见，利用竞争的手段，尤其是恶性竞争来获取胜利的果实，得到的结果只能是"哑巴吃黄连，有苦说不出"。

那么要如何避免恶性竞争，同时达到预期的目的，就成了我们无法回避的话题。

在商业活动中，经常会遇到一些竞争对手，明智的商人都应该避免与竞争对手正面竞争，要以宽容为本，以合作为本。孙子曰："故上兵伐谋，其次伐交，其次伐兵，其下攻城。攻城之法，为不得已。"竞争是不得已的手段，高明的人都会选择计谋，最好是"不战而屈人之兵"。

"嗅觉要灵，估计要准。一有机会就要紧紧抓住，绝不放过"，这是刘鸿生为自己定下的原则。在经商方面，刘鸿生不放过任何机会，却也出手谨慎，不盲目冲动。1930年，刘鸿生的大中华火柴公司生产的"美丽牌"火柴十分畅销，而当时的华成烟草公司生产的"美丽牌"香烟正在大力做推销。得知这个消息后，刘鸿生主动与华成公司联系，提出把华成公司"美丽牌"香烟上印有"美丽"字样的美女图案的商标，翻印在大中华公司出品的火柴盒上做广告，苦于无法打开市场的华成公司欣然同意。结果，刘鸿生不仅从华成公司拿到了一笔广告费，而且他的"美丽牌"火柴更加畅销了。

1969年，美国人阿姆斯特朗、奥尔德林和柯林斯搭乘"阿波罗11号"飞往月球执行登月任务。7月21日，阿姆斯特朗第一个走出登月舱，踏上月球表面，同时发表了一段著名的讲话："这是我个人的一小步，却是全人类的一大步。"人们都知道阿姆斯特朗是"登月第一人"，可是很少有人知道奥尔德林是由外空返回地球的第一人。

据说登月成功后，在一次记者招待会上，一位记者突然问奥尔德林："这次登月是由阿姆斯特朗先踏上月球的，他成为登月的第一人，你不觉得遗憾吗？"面对这个令人尴尬的问题，奥尔德林的回答非常机智，只听他不卑不亢地说："各位，千万别忘了，回到地球的时候是我先出太空舱的，因此我是由别的星球进入地球的第一人。"奥尔德林的回答为他赢得了现场最热烈的掌声。

明智之士是不会被眼前的蝇头小利蒙蔽双眼，采取恶性竞争的手段来谋财获利的。超越竞争，在竞争之外采用合作共赢的方式，才是明智之士的作为。

坚守你的立场，无论如何都不改变

/
不含敌意的坚决是一种强大的力量，
它能让你在逆势中坚挺，在困境中勇往直前。
可以毫不夸张地说，这是一种令你内心无比强大的力量。
/

北宋文学家苏东坡一生命途多舛，先是因反对新法被贬黄州，后又因反对将新法完全废除而左迁惠州，一生在政治上左右飘零，不得重用。后遇大赦，却在北还途中病死在常州。

任何一个略懂政治的读书人都知道，想平步青云，就不能随心而为，得罪统治者。而苏东坡却恰恰相反，变法派当权时反对新法的全面实施，守旧派执政时又强力反对全面革除新法，结果为各方所不容。不是因为苏东坡不懂权势，只是因为他有一颗为百姓谋福利之心，所以他很坚决，是一种不含任何敌意的坚决，无论如何也不会改变自己的立场。

"不含敌意的坚决"是美国心理学大师科胡特常用的一个术语，用平常的话可以解释为，无论你怎么做，我对你都不会产生敌意，因为我有自己的立场。

　　生活中很多人都认为自己的痛苦是别人导致的，如果这个人改变了，自己就可以不那么痛苦了。还有一个看起来似乎比较表面的原因，那就是我们很难做到对别人说"不"。别人，尤其是重要的亲人、朋友，将他们的某些东西强加给我们，我们虽然感到不舒服，却难以拒绝。

　　当我们难以拒绝别人的时候，就会出现矛盾。一方面，如果你接受了亲人、朋友的这些东西，你会难受；另一方面，如果你拒绝，你会觉得内疚，或担心对方不高兴，甚至离你而去。

　　解决这些看似简单的小问题，就要有一个立场原则，这就是"不含敌意的坚决"，也可以说是"温和而坚定"。

　　要想做到"不含敌意的坚决"，首先要做到心中无敌意。

　　别人向你投射敌意之所以会成功，根本原因就在于你的心中本来就埋藏着很多敌意。如果你心中彻底没有了敌意，那么敌意的投射就会彻底无效。

　　在西藏流传着这样一句话："如果泉水自己不会干枯，泥土就不能塞住它。"如果你的心中没有敌意，外人又怎么能激起你的敌意。正所谓"物必自腐而后虫生之"。

　　其次，要善于控制敌意的情绪。

　　心理学家认为每一个被严重压制的情绪都是一个情结，而每一个情结都是我们自己的一个盲点。这个盲点一旦被触动，我们就会失控。但假若这些盲点被觉察了，也就自然化解了，那时，别人再去触碰这个地方，就不会激起个体严重的情绪反应，从而做到"此心不动"。

一位年近百岁的心理学家过生日时，他的学生问他，做了这么多努力，现在是不是已经没有情结了。他回答说："哦，不是，只是我对自己的情结有了更好的了解，所以不再轻易被它们左右了。"

最后，要坚决，就如秋风扫落叶势不可当。

明确自己的立场，不为外物所惑，要有文天祥被俘不屈时"人生自古谁无死，留取丹心照汗青"的决心，也要有唐僧师徒不畏艰难求取真经的毅力。总之，要有自己坚定的立场。人无立场，就如树无根、船无舵，就会迷失方向、丢失自我，成为在墙头摇摆不定的芦苇草。

"不含敌意的坚决"就像奔向大海的水流，对山川森林花草、对世间万物均无敌意，有的是滋润大地哺育众生的慈爱之念，有的是流向东方回归大海的坚定之心，所以它永远是成功者的秘诀，不管春秋交替、日月变换。

得到的肯定越多，越能为自己争取主动权

/

我们得到他人越多的"是"，就越能为自己的意见争取主动权。

推销商品也好，其他一切需要他人信服的事也罢，这一法则都很有效。

/

优秀的推销员都掌握着一个百试不爽的法则：获得肯定回答的艺术。也就是得到的肯定越多，越能为自己的意见争取主动权。

地产商弗利西根曾经说过："我们得到他人越多的'是'，我们就越能为自己的意见争取主动权。推销商品也好，其他一切需要他人信服的事也罢，这一法则都很有效。初步了解他人的需求是这一方法的目的。"

弗利西根也是这么做的。

有一次，弗利西根想买下几块地皮，但几位业主的报价远远超出了弗利西根的底线。在这种情况下，弗利西根并没有放弃，在那些业主第一次开价时，他没有进行还价，而是非常爽快地接受了他们开的价。

有人问弗利西根："这样做是为了什么呢？"他并不表态，仍去购买土地的定买权，直到买到了八位业主的土地。接下来，他把八位业

主请到了他在芝加哥的信托公司。他对这些人说："你们的开价太离谱了。"同时他又提醒他们，"也许这是出售地产的唯一一次机会了。"同时，弗利西根又告诉他们，公司方面能提供这些土地支付的总价目，希望由他们自己去分配。于是弗利西根几乎没有任何麻烦，没耽误一点时间，就办妥了一件十分难办的事情。

在预定之时，他用一个标定的价格让那八位业主自动出售了自己的地产。弗利西根成功了，因为他抱定一个原则：尽量以让他们应允为原则，避免他们提出反对意见。先接近他们，然后讲明形势和利害关系，这样就轻而易举地拿到了自己想要的东西。

事实确实如此，只有接近目标，一点一点地得到对方的谅解和同情，再将自己的意见传达给对方，进而影响他、改变他，最终获得主动权，达到自己的目的。当人说"是"，或心里这么想时，我们就已经接近他了。因为我们非常了解他的需求，因此他也会同样关注我们。但是，当对方说"不是"，或者心里有拒绝之意时，事情就不一样了。当我们的问话看似与他一点关系都没有时，就相当于我们并不关心他想要什么，他肯定会生气，因为人的"自尊心"都源于此。因此，如果我们与他人打交道时得不到对方一个"是"的回应，我们最好想方设法不让对方说出"不是"这个词。

那么如何才能让对方尽量多说"是"呢？

一是要学会设问的艺术，引导对方多说话。设问，是原本没有疑问而自问自答，即明知故问。但明知故问不是瞎问，要问那些让对方感兴趣的、引以为豪的，比如他辉煌的业绩、成功的经验，他目前最关心的问题以及他最感兴趣的问题等。设问是了解对方心理的一大利器，也是接近那些难以接近的人的最好办法。通过巧妙的设问，让对方多谈论自己。要知道人们在谈论自己的时候，总是高兴的、投入的，只要对方高兴了，便容易与你形成互动。

二是要寻找共同点，引导对方同意自己的见解，得到"是"的回答。《战国策》中的名篇《触龙说赵太后》说的是当时秦攻赵，赵国危急，齐国坚持必须以赵威王的小儿子长安君为质，才出兵相救。但是掌权的赵太后溺爱长安君，不同意齐国的要求，朝中大臣死谏，得到的回答却是"敢有以长安君为质者，老妇必唾其面"。而触龙高明在见面并没有说长安君的事，而是和赵太后拉起了家常，询问太后的饮食起居，再谈真正对孩子的爱的问题。显然触龙在找自己和赵太后的共同点，一是同为老人，关心饮食起居；二是同为人父母，关爱孩子，这样便把话题转移到了如何关爱孩子上，得出了关爱孩子就要为孩子的将来思考的结论。最终，触龙成功地说服赵太后，化解了赵国的危机。

所以说世上没有说不动的人，只有不会说的人。要想在商场上、职场上做个成功人士，就必须掌握说话的主动权，尽可能地引领对方走向自己设定的目标，尽可能地得到"是"的回答。

无论多亲密，也要给对方私人空间

清代著名词人纳兰性德有一句著名的诗："人生若只如初见，何事秋风悲画扇。"
连古人都感慨人与人如能像初次见面那样保留神秘，保留距离，
该是一种多么美妙的人生境界。可见亲密和毫不保留，也是造成人际关系紧张的罪魁祸首。

刺猬身上布满尖刺，这是刺猬遇到危急情况时保护自身安全的法宝，而著名的"刺猬效应"也是从此尖刺而来。

心理学上，刺猬效应反映了人际交往中的心理距离效应：即每个人都需要周围有一个自己能把握的自我空间，它就像一个无形的"气泡"一样，为人们"割据"了一定的"领域"。任何人企图闯入这个"领域"都会引起主人的不满甚至是憎恶之情。哪怕是情若夫妻、亲若父母儿女，在生活中都应该为对方保留一份属于他自己的私人空间。

有个男孩曾经深爱着一个女孩，苦苦追求四年才得到女孩的芳心。确立男女朋友关系以后，男孩对心爱的女孩关心体贴，真可谓无微不至，女孩想吃什么，想要什么，他都会想方设法为她办到。有一次，男孩和几个朋友聚在一起喝酒聊天，接到她的电话后，立马放下酒杯，冲进黑色的夜幕。原来女孩想吃果冻，但是外面又黑又冷，她不敢自己出

去买。当时周围的人都认为他们会携手走进婚姻的殿堂，却不想在短短五个月后便听到了他们分手的消息。女孩说出了分手的原因，原来每次女孩和朋友聚会时，男孩总是不断发短信或打电话问她什么时候结束，甚至跑到聚会上，弄得女孩很没有面子。女孩觉得和他在一起没有一点儿个人空间，自己仿佛是他一个人的。正是这种窒息感让她选择了分手。由此可见，真正爱一个人，就要做到：爱她，就要给她充分的自由；爱她，就要让她保留属于自己的空间；爱她，就要让双方留有适当的距离。

情场如此，职场也不例外。美国通用电气公司前总裁斯通在工作中就很注意身体力行刺猬理论，尤其在对待中高层管理者上更是如此。在工作场合和待遇问题上，斯通从不吝啬对管理者们给予关爱；但是在工余时间，他从不邀请管理人员到家里做客，也从不接受他们的邀请。正是这种保持适度距离的管理，使得通用的各项业务能够芝麻开花——节节高。与员工保持一定的距离，既不会使你高高在上，也不会使你与员工互相混淆身份。这是管理的一种最佳状态。距离的保持靠一定的原则来维持，就是对所有人都一视同仁：既可以约束领导者，也可以约束员工。掌握了这个原则，也就掌握了成功管理的秘诀。

有效利用刺猬效应，不仅利人，而且利己。要做到这一点却不容易，一定要懂得保持适当的距离，留给对方一些属于自己的空间。

保持适当的沉默，你的影响力将胜过千军万马

/

有一种东西，它比狂呼乱吼更具力量，更具说服力，
那就是沉默，它比正面冲击的力量大上千百倍。

/

俗语说沉默是金，可见沉默是一种"此时无声胜有声"的力量，只要能适当运用，将会收到意想不到的效果。保持适当的沉默，是一种正确的处世方式，是处理人际关系的智慧金诀，更是获得成功的一种法宝。

一位成功的领导者，不一定能做到无微不至。那些唠唠叨叨、啰啰唆唆的领导会使周围的人异常紧张，下属会以为领导不相信他们，对他们的决断思考能力还存有怀疑。久而久之，这个领导便会成为下属们厌烦的对象与不愿意靠近的人。

沉默是一种心理战，人怕的不是你多说话，担心的却是你不说话。你的少言甚至不言，都会让对方觉得你掌握了一切，你已胸有成竹，因此不必多言。

香港有一个经营服装加工业的老板，在做了这一行多年之后想转

业。他原来从美国购进了一批服装加工机器，经过几年使用后，扣除磨损费，应该还值100万港元。他在心中打定主意，出售这批机器的底线是一定不能低于100万港元的价格。有一个买主在谈判的时候，针对这些机器存在的各种问题滔滔不绝地讲了很多，这让老板十分恼火。但是他在刚要发作的时候，突然想起自己定下的100万港元的底价，于是又冷静下来，一言不发，看着那个人继续滔滔不绝地讲。结果到了最后，那个人也说累了，突然蹦出一句："嘿，老兄，我看你这个机器我最多能够给你150万港元，再多的话，我可真是不要了。"于是这个老板很顺利地比计划多赚了整整50万港元。

保持适当的沉默，不是一言不发，而是在蓄势，在逼对方摊牌，等待后发制人的机会。就像拉紧弓弦的羽箭，拉动的过程一言不发，等蓄势已成，便是摧枯拉朽的力量。楚庄王曰："不飞则已，一飞冲天；不鸣则已，一鸣惊人。"他在三年的沉默中，表面上沉迷酒色，不思进取，实际上却在观察，在积蓄力量，在明辨忠奸，果然最终成就了一番霸业，使楚国不再被视为蛮夷之邦，他也成了春秋五霸之一。

保持适当的沉默并不是对错误的迁就，而是在提醒对方，冷静才是解决问题之道。在无声的战场上，越是带有强烈的情绪，越是会被周围的人判定为事端的挑起者。

保持适当的沉默并不是对搬弄是非者的纵容，在一定程度上，它制止了是非的蔓延。企业中，有些人最爱做的就是向有一定影响力的领导打小报告，汇报某某今天说了什么，做了什么，甚至于为什么这样做，分析得头头是道。一旦领导对此发生了兴趣，进而刨根问底，这些人会立刻觉得自己的"第二职业"得到了领导的承认与赏识，便更加肆无忌惮起来，一时间闹得满城风雨，企业的人际关系也被搅得一塌糊涂。所以企业领导要做的就是保持适当的沉默，这样才会让这些人觉得特别无趣，是在白费唇舌。最后，是非也就失去了传播的源头。

保持适当的沉默，在争执的双方失去了精神上的亢奋、精疲力竭之后再发表意见。因为头脑发热时的人只想向外发散热量，根本不会去接受别人的劝解之言。沉默使矛盾冲突趋于缓和，当人们争辩得不可开交时，看到身边有这样一位静静的旁观者，也许会后悔于那丑态百出的激烈交锋。

子曰："多闻阙疑，慎言其余，则寡尤；多见阙殆，慎行其余，则寡悔。言寡尤，行寡悔，禄在其中矣！"讲的是想做一个好官，要知识渊博，宜多听、多看，有怀疑和不懂的地方则保留，等着请教他人，讲话要谨慎，不要讲过分的话。对于模棱两可的事，随时随地都用得到古人的两句话："事到万难须放胆，宜于两可莫粗心。"这样处世就少后悔，行为上就不会存在有差错的地方。这样去谋生，随便干哪一行都可以，禄位的道理就在其中了。慎言就是要求我们保持适当的沉默，多问多看，谨慎决断，这样才能做出正确的决断，引领自己走上成功之路。

第五章

顺应人性，
你能更招人喜欢

使自己变得招人喜欢，这种效果是完全可以刻意策划出来的。其中的关键就在于你能否恰当地驾驭人性，利用人的本性去给自己的个人魅力添光增彩。

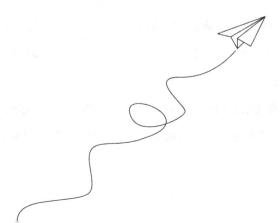

迎合对方的习惯，让他感觉自己独一无二

/

迎合他人的习惯，尤其是那些特别的习惯。
这会让他很强烈地感觉到他自己的独一无二，
而这将是对对方自尊心的最大满足和维护。

/

    心理学研究发现，人在人际交往中都会很自然地希望对自身价值得到肯定。而人类的自尊心，也正是靠自我价值感来衡量的。所以如果我们在与人的交往中，要维护别人的自尊心，就要学会提升别人的价值感，即学会让对方感觉到你在以他为中心，你在迎合他的习惯，尤其是那些特别的习惯。这会让他感觉到他自己的独一无二，而这将是对对方自尊心的最大满足和维护。

    《芒西的传记》一书是芒西的同事欧尔曼·雷奇在芒西过世后为了纪念自己的朋友所著。书中讲到了芒西的一个故事，这个故事很好地告诉了我们芒西作为一个普通的职员，是如何登上《纽约太阳报》出版人那样高的职位的。

    雷奇在很早的时候便右耳失聪了，他每次和人交流时都会站到别人的右边，竖起左耳朵用心地倾听，这已经成为他的习惯，然而很多时候

别人总是忘记这一点。每当他看到那些健康的人面对失聪者表现出一副很同情的样子，尤其总是会故意大声在他耳边说话的时候，他总是很痛苦，这令他的自尊心受到很大伤害。芒西也知道雷奇右耳失聪的事，但是他从没有对此表现出什么异样，同时，他用行动很好地维护了雷奇的自尊心。每次和雷奇共处的时候，无论是在办公室里，还是在汽车上、就餐时，芒西总是会很自然地站到雷奇左边，很轻松、正常地和雷奇进行每一次的交流。这让雷奇在和芒西共处时并不觉得自己与常人有什么不同，芒西通过照顾雷奇特殊的习惯，很好地维护了雷奇的自尊心。很多年后，当雷奇回忆起芒西时，总会微笑着说："他总是那么自然而随意地站在我那只完好的耳朵那一边，没有人注意到他是有意的，只有我明白他是在照顾我的习惯，他真是一个处处为朋友着想的好人。"

这只是一件普通的小事，然而芒西却通过这件不起眼的小事实实在在地迎合了雷奇的习惯，维护了他的自尊心，也赢得了他的好感和支持。在人际交往中，每个人最基本的需求就是使自己的自尊心得到维护，我们要如何才能帮助他人维护自尊心，赢得对方的好感呢？

答案很简单。试着去迎合对方的一些特殊习惯，让对方感觉到他自己的独一无二。人际交往中，聪明的人为了博得对方的好感，总能通过观察，发现对方的一些特殊习惯，然后通过迎合对方的习惯，让对方的自尊心得到最大的满足，而不是一味地吹捧、拍马屁。要知道固然每个人都有虚荣心，但人更渴望的是一份真挚的尊重。

曲解对方所精通的事是引导他人说话的好方法

对内行故意发表一些外行的甚至错误的看法，
以此引起对方的反驳，从而达到交流目的。
可以说，这是一种用之即灵、百发百中的交际策略。

做过记者的人都知道，要对某人进行采访并不难，难的是如何让自己采访的对象说出你想得到的信息，甚至如何让采访对象开口说话。同样，我们在和人交往时也会有同感，当我们和人交流沟通时，最难的是如何让对方和你开口交流。

也许你会说这还不简单，找点对方感兴趣的话题，两个人的交流不就有话可谈了吗？要知道，人际关系并不仅是谈话那么简单，有目的的交流才是人和人交往的真正关键所在。如果单纯涉及兴趣交谈，或许有利于促进双方的感情，但是我们的最终目的却是根本不能达到的。那么沟通时，想得到自己想要的信息时，我们该如何做呢？

保尔·里奇是《芝加哥日报》的记者，有一次，他奉命去采访当时的美国总统胡佛。当时，保尔·里奇和胡佛在行进中的总统专列上。然而采访进行得并不顺利，保尔·里奇发现，无论他是主动谈论胡佛感兴趣的话题，还是很严肃地进行采访，胡佛根本不对他表现出任何兴趣。面对保尔·里奇的采访，胡佛根本"无动于衷"，看来他是不打算开口了。

这让保尔·里奇很难过，眼看着这次大好的机会就这么错失了，心里很是不甘。苦恼的他将头转向窗外，突然发现火车正行经内华达州，窗外的农民、工人正在用锄头、铲子劳作。保尔·里奇脑子里灵光闪现，于是他顿了顿，说："上帝，没想到内华达州还在用锄头和铲子人工作业！"

听完保尔·里奇的话，胡佛看了他一眼，说："近代以来，那些旧式的、毫无目的的开垦早就被先进的机械方法取代了。"之后，胡佛几乎一路上都在和保尔·里奇进行关于农垦、石油、航空、邮递等各个方面的交流。就这样，保尔·里奇用一个故意曲解的错误展开了自己此前费尽心机也展开不了的谈话。

事情能够出现转机，在于保尔·里奇运用到了一个采访学中经常用到的心理策略：故意对内行发表一些外行的甚至错误的看法，以此引起被采访人反驳的兴趣，从而达到交流目的。换句话说就是曲解对方所精通的事情，诱导他人说话，并且用这种策略也是最容易达到目的的。采访中如此，在与人交往、建立人际关系时也同样可以如此。

人都有表现欲，尤其是在自己擅长的事情上。当一个人不愿谈话时，就请谈起他擅长的领域，如果你在他们的面前故意曲解他们所精通的事情，表现出你的外行，就能刺激他们的表现欲，从而诱导他们展开话题。

故意曲解对方精通的事情，给对方一个纠错的机会，既能很好地把握对方的兴趣所在，将话题引导到对方真正感兴趣的地方，也能显示自己的谦卑，暗示对方的博学。就好像给了一个极其渴望跳舞却没有舞台的演员一个舞台，而你就是观众。这么做，也能让对方的自尊心得到极大的满足。

当人们面对自己精通的事情被曲解的时候，每个人都会产生一种纠错的冲动。这是人的一种自然心理。而如果这时我们表现出虚心好学的样子，对方就会表现得好为人师，即使你打破砂锅璺到底，对方也会欣然作答。这样，双方的交流就能很自然地进行了。

在人际交往中，如果你也遇到一个不善言谈，甚至不愿意和你言谈的人，不妨学习一下保尔·里奇的做法，试着曲解一下对方所精通的事情，给他一个展示专长的机会，并对他的专长表示敬意，相信每个人都会很乐意展示自己优秀的一面。这岂不是诱导他人打开话匣子，从而得到自己需求的信息的最好方法？

保留你的若干看法，这才是智者所为

人都渴望被赞赏，然而人们又经常不由自主地去反对别人。

你丢给别人一个毒果子，别人会给你一个香橙吗？

道理就是这么简单，"己所不欲，勿施于人"。

　　唐太宗李世民是以善于纳谏、胸怀宽大著称的英明君主，在面对大臣魏征的历次强谏时，虽然最后都采纳了，但是不得不说，魏征死后都难以安息，和他历次强硬地反对君王的决策不无关系。再看看历史上诸多耿直侍君的臣子，又有多少是真正能够得以善终的呢？

　　也许你会说，这只是他们没遇到真正的明主罢了。其实不然，人都渴望被赞同，不希望被反对，这是人的本性，任何人都如此，即使他是胸怀天下的君王也一样。

　　人都喜欢和那些赞同他的人交流，而不喜欢与那些反对他的人共处。然而人又是矛盾的综合体，也经常会去对别人提出反对意见，表达自己的观点。那么我们与别人相处时，要想和别人建立和谐的人际关系，又应该怎么做呢？

　　赞同别人并不是要你一味逢迎别人的观点，更不是讨好、拍马屁。

赞同别人是一门与人相处的艺术，愚笨的人总是顺从人类最原始的天性，总是在反对别人；只有智者和伟人才会在合适的时机，利用合适的方法，在赞同别人的同时，也达到自己的目的。

既然人的本性让我们总是喜欢反对别人，那么在学会赞同别人之前，我们就一定要首先学会认可。

每个人都有自己的想法，或许对方的想法并不一定是最好的，甚至是不正确的，但是那也是别人思想的结晶，也是别人脑力劳动的成果，那么就肯定有值得我们认可的地方。所以当我们面对别人的，听到对方的观点的时候，应当先冷静地告诉自己，不要总是冲动地去全盘否定别人，要先学会肯定别人的优点，赞同对方值得赞同的地方，然后再循序渐进地表达自己的观点。

其次，当你不赞同别人的时候，请学会保留自己的看法，不到万不得已，不要说出来。

人都是不喜欢被人反对的，尤其是直接的反对，这是很伤对方自尊心的行为。所以当你不赞同别人的时候，不妨聪明一点儿，采取迂回的策略。

刘杰是一位刚刚大学毕业的社会新鲜人，公司的新员工。或许是刚刚踏入社会不谙世事，又或许是性格太直，每次遇到事情，他总能一一列出反对意见，即使是面对当事者。

恋梦是公司里为数不多的研究生之一，十分受老板器重。一次，老板让恋梦做一份企划案。三天后，当恋梦自信满满地步入老板的办公室交企划案的时候，正好刘杰也在。出于让新人学习学习的想法，老板让刘杰看了恋梦的企划案。

然而刘杰刚看完后，就毫不客气地对老板说："我觉得这份企划案行不通，这里和这里都有问题……"刘杰的话还没有说完，恋梦的脸色就已经变了，气呼呼地离开了老板的办公室。后来事情的发展可想而知，直到恋梦调离公司，她都一直没有原谅刘杰。

或许你会说，这人也太傻了，在老板面前，面对当事人，就这么不给人留面子地反对别人。其实想来，很多时候我们不也是在做着同样的事情吗？不过只是五十步笑百步罢了，给人造成的伤害是一样的。

最后，当你赞同别人时，还是要说出来。

很多人在反对别人的意见时，每次都能很轻易、很痛快地说出来，但要让他去赞同别人，他们却总是羞于表达自己的意见。但是如果你不说出来，谁又能体会得到你赞同的诚意呢？

所以当我们赞同别人的时候不妨直接告诉对方，真诚地给对方一个肯定的"是""好的"，相信这样做，取得的效果会是事半功倍的。

和人相处是一门艺术，愚笨的人总是在反对别人，把自己的人际关系搞得一塌糊涂。而智者和伟人却总会在巧妙的赞同中和对方共同联手创作出一幅完美的画作。

想让人帮你做事，先要让他尝到胜利的滋味

/

一列火车要启动，必须有足够的燃料。

同样，你想让某个人帮你做事，

也必须给予足够的动力，这种动力就是胜利的滋味。

/

　　万事都需要一个循序渐进的过程才能达到最终的目的，做事如此，做人也同样如此。当我们想熟练地背诵一首古诗的时候，得从最基础的识字开始。同样，当我们和人相处时，如果要想让对方做一些并不难做的事情，首先就要让对方尝到胜利的滋味，即给予最初的动力。

　　在我们初学数学的时候，总是先从最基础的概念、公式学习，即使是做练习题，老师也是让学生先做最简单的，然后才会逐渐深入到推理。如果一开始就让学生解特别难的练习题，学生一旦做不出来，就容易失去信心，即使后来再给他们一些简单基本的习题来做，他们也会觉得很难，不愿意去尝试。

　　同样，如果我们想让对方做一些事情，虽然这些事情可能并不难，但对方由于并没有经验或是其他原因，也很可能会拒绝。如果我们首先让对方尝到胜利的滋味，对方就会产生动力，也就会愿意去为之努力了。

　　某家公司新进了两个刚从大学毕业的员工，一个是本科学历，一个是硕士学历。两个人同样是刚刚毕业，没有经验，老板就让他们都从最基础的工作做起。刚开始，硕士学历的职员觉得自己刚进公司，所以态度很谦虚，认真听从老板的安排。慢慢地，他却越来越觉得自己不值得，心里总在想："我一个研究生怎么和本科生做着同样的工作？况且这些工作都是一看就会的工作！"

　　终于，他不能忍受了，但他又不愿直接向老板表达自己的不满，于是想了个办法，就是将老板交给自己的工作都转交给本科毕业的那位职员去做。他告诉本科学历的职员，这些他都已经很熟练了，他这是给对方更多机会去练习。

　　当然，本科学历的职员并没有怀疑他的用心，每次都认认真真地完成两个人的工作。三个月试用期过去了，硕士学历的职员过得很轻松，本科学历的职员虽然觉得很累，但是真的学到了很多大学里学不到的东西，对公司业务流程已经很熟悉了。

　　结果并不出意料，在最后的业务考核中，硕士学历的职员因为没有在实际工作中了解公司的运作，大多是纸上谈兵；而本科学历的职员却总能根据公司的实际情况提出自己的见解，虽然很多想法还很幼稚，却是真真正正地从公司利益出发的。最终，硕士学历的职员没能通过考核，只有本科学历的职员留在了这家公司。

　　从另一个角度来看待这件事情，只能说是因为那个硕士学历的职员不懂得做任何事——包括为人处世，都必须先从基础开始。先从简单事情上取得成功，才能有信心去做接下来的事情。

人都是这样的，如果没有接触过一件事情就直接去做，一旦开始时遇到困难，就会凭空将一件事情想象得很难、很复杂，就很容易打退堂鼓。如果先从容易的地方着手，尝到了胜利的滋味，就会产生自信心，而不会凭空地去"夸大"这件事的难度。

这就好像要让一个人初次品尝一种他从来没有吃过的食品似的，由于他从没有吃过，无论你怎么信誓旦旦地告诉他这个东西如何美味，他也不会百分之百地相信，甚至不敢去品尝。但是如果我们将这个食品放在他熟悉的食品包装里，先让他尝到它的美味，然后再告诉他这是什么，那么相信之后再见到这个食品，他就会百分之百地相信了。

在人际交往中，要让人帮我们做事亦是如此，只有先让对方尝到了胜利的滋味，对方才不会怀疑事情的可行性，甚至即使很难也愿意帮忙。因为人总是难以抗拒胜利的诱惑，正如人总是难以抗拒美味的食品。

谈点他的"得意之作"，你会事半功倍

在和别人打交道时，
投其所好，而且在对方得意的事情上做文章，
你越能得到对方的认可，从而收到事半功倍的效果。

　　托尔斯泰说得好："就是在最好的、最友善的、最单纯的人际关系中，称赞和赞许也是必要的，正如油滑对轮子是必要的，可以使轮子转得快。"可见赞美在人际交往中的重要性，它是调剂双方关系的润滑剂。

　　但并不是所有的赞美都能让对方照单全收，赞美他人需要选择合适的内容和一些技巧。与对方交谈时，谈点他的"自得小作"，并恰当地赞美他的"小成就"，不仅能够打开他的"话匣子"，使他有兴趣和你把谈话继续下去，而且能赢得他的好感，让你事半功倍。

　　一家大型超市即将建成，马上要进入装修阶段。很多装修公司都希望能够获得这个上千万的项目，并为此展开了激烈的竞争。负责这一项目的杨经理一时间成为炙手可热的人物。但是很多装修公司经理找超市的杨经理谈生意，都乘兴而去，败兴而归，一无所获。王石的装修公司

也希望能够得到这个装修项目，虽然听闻杨经理是一个严厉的人，他还是义无反顾地前去拜访这位传闻中的"大人物"。

走进杨经理的办公室，王石第一眼就看到了端端正正地摆放在书架上的一排奖杯和证书。做完自我介绍之后，王石并没有马上谈生意上的事情，而是指着奖杯对杨经理说："我也喜欢象棋，并且也认识一些象棋爱好者，但是您却是我见过的唯一一个在国际象棋比赛中获得奖杯的高手，而且还是一等奖！"

杨经理眼中难掩惊喜，笑着说道："是呀，象棋是除了经营管理生意之外，我最喜欢的业余活动。为了提高棋艺，我还专门抽出时间参加了培训班呢！"

王石走近书架，仔细观看奖杯和证书，不禁叹气道："我也参加了这一年的象棋比赛，可惜在复赛中就惨遭淘汰了。"

杨经理高兴地走过来，说道："没想到在商界也能碰到知音呢！"说着，便和王石聊起了象棋，并兴致勃勃地向王石谈论自己喜欢上象棋的经历、多年总结的下象棋的心得、参加过的象棋比赛、获得的奖项以及比赛时发生的趣事。王石面带微笑，兴趣盎然地倾听着，并且时不时地向杨经理请教下象棋的技巧，由衷地赞美他的棋艺。两个人越聊越开心，杨经理突然想到自己家中收藏的几套珍贵的象棋，希望能够展示给王石看，便邀请王石和自己去家里观看，并一起吃中午饭。于是王石随着杨经理到家里看了象棋。吃完中午饭，杨经理兴致所至，还和王石对弈了几局。两个人高高兴兴地度过了一天。直到分开，谁也没有谈及和生意有关的一句话。

你也许会问王石最后有没有获得这个项目，答案是肯定的。杨经理在综合考察之后，和王石的装修公司签订了合同。王石不但拿下了这个项目，还和杨经理结下了一生的友谊，两个人后来时常聚到一起谈论象棋。

为什么杨经理把这单生意交给王石而不是别的装修公司呢？

这固然与王石公司自身的实力有关，但王石的口才和他高超的处事技巧也在其中起到了重要作用，使他在杨经理那里赢得了先入为主的印象。假如王石一进办公室就谈论生意上的事情，十有八九会被杨经理赶出来。王石能够做到事半功倍，就在于他了解对方，知道对方的兴趣爱好，懂得在初次见面的时候，谈对方的"自得之作"，并巧妙地赞美了杨经理。这极大地满足了杨经理的自尊心，因此，杨经理能够放下心里的防备，将王石视为知音。这就是王石能够达到目的，事半功倍的秘诀。

令他人合作的策略之一就是预测并牢记他人的意图

/
能够未卜先知，预测出他人的意图，并以此为行动指南，
这是人际交往中顶尖级的交际艺术。
如果你能领会这一交际艺术的要领，那么令他人合作将变得再容易不过。
/

　　人们都很想未卜先知，因为如果一个人能够做到未卜先知，就能很好地预测别人接下来要做的事情，从而驾驭别人。那么人是否真的能做到未卜先知呢？答案是肯定的，我们完全可以在两个人的相处中，通过自己已经掌握的信息去预测别人的意图。

　　军事中运用最广的一条策略就是：知己知彼，方能百战百胜。而这里的"知彼"，很多人常常单纯地理解为了解对方，大多是去熟悉对方已有的信息，而很少想到"知彼"还包括预测并牢记他人的意图。

　　历史小说《三国演义》将诸葛亮塑造成一个未卜先知的神人。他舌战群儒、草船借箭、三气周瑜、借东风、七擒孟获，俨然一位呼风唤雨、精通天文气象的预测大师。那么诸葛亮真的是未卜先知的神人吗？不是。诸葛亮只是比普通人更能通过对人进行细微观察，预测到他人的

意图罢了。

读者们读到"诸葛亮七擒孟获"的时候，都会不由自主地叹息："诸葛亮啊诸葛亮，你怎么就能那么神通广大，怎么每次都知道定能活捉孟获呢，难道你真有那通天的本事？"诸葛亮只是比别人更了解孟获，清楚他的心思，更能准确地预测怎样的胜利才算是真正的胜利吧。正如马谡所说："蛮人反复无常，必须令其心服才行。"怕是早在第一次擒获孟获的时候，诸葛亮就料到了这一点！

预测并牢记他人的意图，在军事上是一个取得胜利的法宝。同样，在社会人际交往中，它也是让我们更好地与人相处的良策。

有人曾说过："如果你总能比你的上司超前想到一些事情，并预测他接下来要干什么，那么你将会是一个深得老板欢心的员工；如果你总能预测商场的风云变幻，预测对手的意图，那么在商场上你将立于不败之地；如果你总能在人际交往中预测到朋友的所思、所需，那么你将会是一个十分受欢迎的善解人意的朋友。"

每个人的内心都渴望得到别人，尤其是朋友的理解。电视剧中男女朋友或者夫妻吵架，一方总喜欢说这样一句话："你知道我内心真正想要的是什么吗？你根本不关心我！"其实不是不关心，只是我们读不懂对方内心的真正需求。

我们要在社会中生存，要建立自己良好的人际关系，就一定要记住驾驭他人的策略——预测并牢记他人的意图。

试想与他人相处时，如果你总能从对方的一言一行，甚至一个眼神中读出对方的意图，并按照对方的想法去行事，从而满足对方的需求，那么我想任何一个人都会感动于你的用心，感受到你的关心。那么要与他人建立良好的关系，还会困难吗？

朋友现年28岁，她曾经半认真半开玩笑地说过这样一句话："我已经相过10次亲了，如果下一个对象能从我的眼睛里看到我的心思，我这个本打算一辈子单身的女人也会毫不犹豫地嫁给他。"

和一个人交往容易，但是要真正读懂一个人，能从他的言行中预测他内心的真实意图，是一件十分困难的事情。就好像热爱自己的事业、帮老板做事容易，但是要预测老板的意图却并不容易。

哈佛商学院院长多纳姆曾说："商界许多看似聪明能干的年轻人，因为对许多问题不能从整个公司的历年经营和老板的立场出发去解决，总是从自己所熟悉的那一小部分领域去解决问题，才造成了他们的停滞不前。他们根本没想到那个坐在老板位置上的人是怎么想的。他到底想怎样做？他怎么看待这个人？如果我是老板，我应该怎样处理这件事呢？"

做人也好，做事也好，如果我们想更容易地令他人合作，那么请记住：学会预测并牢记他人的意图。

即便心里不认同，也要用钦佩的语气赞同对方

随时都可以畅所欲言，这是我们每个人都渴望的事。
但有的时候，我们必须闭紧嘴巴，委婉一下，
或者"虚伪一下"，这是社交中必须做到的。
如果你还嫌自己的人际关系不够糟糕，那就请你畅所欲言吧。

生活中我们常常遇到这样一种人，他们为人直爽，虽然对任何人都没有坏心，却处处得罪人。虽然他们说的话都是正确的，却总不能轻易为人接受。这种人就是那种不会赞同别人的人。虽然我们知道有些人的观点并不正确，但是谁也不愿意被否定，即使这个人胸怀宽广。所以如果我们希望自己的人际关系更融洽，就一定要学会认同别人，即使对方的观点并不一定正确，你心里并不认同，但试着去"违心"地说一句"确实如此，你说得很对"，这并不会带来任何不利，反而会让你在和他人建立关系时容易得多。既然如此，我们又何乐而不为呢？

八年前刘凯只是一家小外贸公司的职员，后来他自己创业开公司，现在已经有几百万资产，比最初自己干过的那家小外贸公司的老板还要成功，但他一直将这家小外贸公司的老板当作恩师对待。

原来刘凯刚进入外贸公司那会儿，虽然业务能力很突出，但是和同事的关系却很糟糕，究其原因，就在于他总爱"明目张胆"地反对别人，总弄得同事下不来台。有一次，他和一位同事共同做一个项目，两人完成策划案后，一起到老板办公室报告。刘凯报告完后，老板让那位同事作点评。这位同事笑着对老板说："我觉得刘凯的方案很好，很对，确实应该那么做。"

而刘凯听完对方的方案后，老板让他作点评，他不管三七二十一，对对方一通指正，说这里不行，那里不通。虽然最后也说了几点可取之处，却让对方很没面子。

报告结束后，虽然两个人都没说什么，但是老板却看出了这位同事已经对刘凯很不满。他了解到刘凯虽然有才，但不会做人，尤其是不会赞同别人。他喜欢刘凯的直爽，这就像他年轻的时候，敢想、敢说、敢做，但也为此惹下了不少麻烦。

于是老板留下了刘凯，告诉了他一句影响他一生的话："要学会赞同别人，不管对方是对是错，先想想对方的可取之处，即使对方的工作完全是错的，但对方的行为最起码是可取的。所以，我们没有资格先批评别人，要试着对所有人说一句'的确如此，你说得很对'，这是对对方最起码的尊重。"

从那之后，刘凯变了，无论他只是一个小职员，还是后来做经理，再到后来做老板，他都没有忘记贸易公司老板说的那句话，一直奉行，而这也是刘凯后来事业成功的关键原因之一。

是的，生活中和人相处，工作中与人共事，我们都应该学会赞同别人，即使对方的观点并不能让我们认同，但我们也应试着对对方说一句"的确如此，你说得很对"。这不仅是对对方的赞同，更是对对方的尊重。这就好像我们小时候经常听到的一个故事，一个小男孩帮妈妈把即将放进煤炉里的煤球搬到了外面，虽然违背了妈妈最初的意愿，做得完全不正确，却因为出发点是帮助妈妈，所以得到了妈妈的夸赞。我们赞同别人，并不意味着我们就认同了对方的观点，有时只是出于对对方应有的尊重。

即使别人的做法并不能让你认同，也要学会对对方赞同地说一句："的确如此，你说得很对。"这样才能有和谐的人际关系，否则只会引起更多的矛盾。在任何人眼中你都不会是权威，那么你就没有权利去否定别人，即使你是高高在上的领导，也只能说明你的地位，而不能完全代表你就对人有完全的否定权。所以如果不想引起他人的不认同，就要先学会赞同别人。

学会赞同别人，即使你的心里不认同，因为这句"的确如此，你说得很对"，将是你人际关系的润滑剂。

如果 10 分钟内对方毫无兴趣，立即结束谈话

/

死缠烂打是一项交际手段，知趣而终同样是一种难能可贵的交际策略。
很多时候，我们需要这两种交际方法的完美结合，才可能在交际上得心应手。

/

随着现代社会生活节奏的加快，人们越来越缺乏耐心，尤其是在涉及自己并不太感兴趣的专业话题和面对不太熟悉的人的时候。生活节奏越快，人的耐心就越少。所以如果你想和一个初次见面的陌生人谈到相对专业的话题时，请一定要让对方在10分钟之内对你们的话题产生兴趣，否则这将是一场毫无意义的谈话，甚至还可能引起对方的反感。

人的耐心是有限的，人对谈话内容，对陌生物品产生兴趣，通常都是在瞬间形成的。如果不能在这一瞬间抓住对方的兴趣，那么要想在接下来让对方耐心听完你的话，将是一件十分困难的事情。

现代社会流行一个词叫"眼球效应"，说的是面对陌生人或物，人们总能在第一眼判断其好坏。如果对方第一眼感觉好，就会有兴趣去研究它，进行进一步的了解。如果不能在第一眼抓住对方的眼球，那么无论接下来的内容多么诱人，对方也将无动于衷。

人的眼睛如此，耳朵也是如此。如果我们和对方的交谈不能在最短的时间内抓住对方的心，那么无论接下来说得如何天花乱坠，对方也不会有兴趣去听，也就意味着这场谈话毫无意义了。

如果你能和任何人持续交谈上10分钟，让对方在最短的时间内对你的谈话产生兴趣，你就是一个成功的交际家。

10分钟内，要让一个人保持足够的耐心，集中精力听下去，还要对谈话的内容产生兴趣，这对任何一个人来说都是一件十分不容易的事情。

那么要如何做，在交谈中注意哪些问题，才能在10分钟的时间内完成一次有意义的谈话呢？还是先看看一个成功的销售人员是怎么做到的吧。

谦浩在大学时读的是心理学，然而现在已经是一家房地产公司的销售经理了。当初他进入销售这一行业的时候，无论是家人还是朋友，都很反对，觉得这根本是与他的专业驴唇不对马嘴，八竿子打不着的工作，但是谦浩却毅然坚持自己的选择。后来当同学们问起当初为什么那么坚决地选择了这一行业的时候，谦浩笑了笑，说："这还得感谢一个鸡蛋。"

大学时，有一次谦浩和朋友在一家茶楼做兼职，来这家茶楼的客人一般在点到可可时，都喜欢加入鸡蛋，于是这里的服务人员总是很习惯地问一句："请问要不要加鸡蛋？"谦浩发现很多客人都会在"要"或者"不要"之间做出选择，也就是"1"和"0"的选择。这时他就想到了心理学上的心理暗示作用，其中讲到其实人在很多情况下，尤其是在做出选择的时候，往往在瞬间受到外界判断的影响，也就是如果给对方两个选择，对方就会接受这种限制性的心理暗示，而不去选择第三种。

于是他又想到那么为什么我们不选择问对方"要加一个还是两个鸡蛋呢"？这样的话，顾客不是只会在"1"和"2"之间做出选择吗？果然，因为谦浩的这一改变，由他服务的顾客，一般都会选择要一个或者两个鸡蛋。

那件事之后，谦浩越来越迷上了销售，他说这就是参透顾客的心理，用暗示引导顾客的购买行为。

其实无论是顾客消费也好，还是两个人交流也好，最重要的是你如何在有效的时间内引起对方的兴趣。如果你从一开始给对方的就是零个鸡蛋的选择，那么对方还有什么理由去选择两个鸡蛋？如果你从一开始就问对方你讨厌我吗，那么对方还有多少勇气去说我喜欢你呢？同样，如果你从一开始就不能引起对方的兴趣，那么对方又有什么耐心去继续听你夸夸其谈呢？

兴趣是决定交谈是否有效的关键，为了不让自己的谈话变成一场无意义的、令人反感的交流，一定要学会在10分钟之内找到对方的兴趣点。

第六章

接受别人的世界，一切都会不同

交际界不存在天才，但可以有天使。天使们愿意放下心中种种束缚，去主动接受他人，去理解别人的世界，所以天使在人们的眼中才如此美妙，令人难以抗拒。在交际界，天使无束缚，处处得人心。

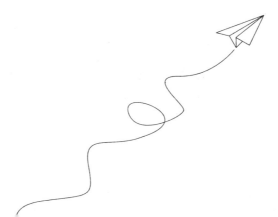

善用同理心，进入他人的精神领域

将心比心，才会被人理解。在人际交往中善用同理心，
你的人际关系才是有温度的，也才是最牢不可破的。

当你正痛苦的时候，却看到身边的他在灿烂地笑，你是不是会痛恨对方，觉得对方是在和你作对，即使对方是一个和自己毫无交集的陌生人？当你在向朋友诉说自己的苦恼时，对方却在打瞌睡，或者表现出不耐烦，你是不是觉得很受打击，认为对方完全不在乎你？

这就是同理心在作祟。同理心在心理学中又称作"共情"（empathy），通俗的说法就是换位思考。有同理心的人，能够体会他人的情绪和想法，理解他人的立场和感受，并站在他人的角度思考和处理问题。

每个人都渴望得到他人的关怀，尤其是在伤心难过、遇到挫折的时候。虽然一个人的痛苦不可能变成所有人的痛苦，一个人流泪也不可能让所有人都伤心，但是同理心却常常让人渴望有人能站在自己的角度为自己着想。

在人际关系中，要赢得对方的好感，建立亲密的关系，就一定要具备同理心。在别人痛苦的时候，学会站在对方的立场理解对方，即使不能表现得同样痛苦，但是也不要表现得很幸福。要知道一个人在痛苦的时候，另一个人是不可以很幸福的，这是对他人最起码的尊重。

同理心告诉我们，我怎么对待别人，别人就怎么对待我。在对方痛苦时，你反而表现得很幸福，就可能引起对方的仇视心理。于是当你遇到伤心事的时候，对方也不会站在你的角度，甚至有可能幸灾乐祸。

一个很胖的男孩摔倒了，怎么站也站不起来。几个路过的同学看到这个情景，都哈哈笑了起来，甚至当男孩越是着急想要站起来追打大家时，大家反而越觉得好笑。然而谁也没有想到，自从这件事情后，男孩每次看到同学摔倒，都会急着去看热闹，然后总会拍着手嘲笑对方。连孩子都会因为他人不能体会自己的痛苦，甚至把自己的痛苦当作快乐，而在心中种下仇恨的种子。换作心智已经成熟，自尊心越来越强的成年人，又怎么会不因为他人不能体会自己的痛苦而伤心难过呢？

俗话说将心比心。想让别人理解你，你首先就要学会理解别人。不管对方是对还是错，在表达感情前，试着多从对方的角度去想一想，抛开对他人的成见与判断，真正站在对方的角度，去理解对方的行为和痛苦，相信在你遇到挫折时，也定能赢得对方真挚的同理心。

看到别人痛苦时，人们是很难感到幸福的，除非这个人毫无感情。但是我们在表达同理心时，也要以理解为核心，拒绝同情，是真情的自然流露，这样才能让对方感觉到你的真心，而不是应景下的虚伪。同理心不是迁就别人的感情，更不是为了同情而同情。同理心要的是在别人伤心难过的时候和对方的内心产生共情，是站在对方立场上的一种属于自己的真实的心理感受。

在人际交往中建立同理心，将十分有利于双方感情的提升。但是要知道同理心是散发着温度的，是对人的一种真实、纯洁的情感表达，绝不单纯是巩固人际关系的工具。同理心代表着一种人格、一种情感、一种尊重，拥有了良好的同理心，这个世界的人际关系才会是有温度的。用同理心建立起人际关系，这个社会中人与人之间的交往就真正脱离了单纯的利用关系。

避免把自己的想法强加于人

/

几乎人人都有这么一种通病，即总是不自觉地将自己的想法强加于人，这就是投射效应。
不管你是刻意也好，不自觉也罢，强扭的瓜不会甜，投射效应的结果只可能是零。
所以赶快从这种噩梦中惊醒吧。

/

生活中可能会见到这样的场景，两个人为了一个问题各执一词，争论不休，一方为此已经脸红脖子粗，另一方也不愿意放弃自己的观点，甚至越争论，越希望将自己的观点强加给对方。

事后，双方终于可以冷静地思考，会觉得这种行为不但不可取，还是很不礼貌的，所以也告诫自己下次一定要改正。但是以后每每遇到这种情况，还是很难改正，还是希望对方能更多地顺从自己的观点，想把自己的想法强加给别人。似乎让别人接受了自己的观点，是一种莫大的心理满足。

是的，日常生活中，几乎所有人都有这样的心理，总想把自己的想法和意愿强加给别人，即使有时候自己明明已经意识到这种行为并不正确，也不可取，但是仍不愿意放弃。

这种把自己的好恶和意愿强加给别人的心理现象，就是心理学上说的"投射效应"。

甚至在我们还是懵懂孩童的时候，就已经受到它的影响，直到我们为人夫为人妇，直到我们有了自己的孩子，它也在时时刻刻影响着我们。

还记得小时候，只要是父母认为不健康的食物，即使孩子再喜欢吃，父母也是不会给孩子的，只会给孩子吃他们认为的健康食物。孩子长大后，父母会希望孩子从事他们认为的最好的职业，并且会从各个方面去说服孩子按照他们的意愿选择。当这个孩子有了丈夫或者妻子，又会希望自己的另一半按照自己的意愿行事。等孩子有了自己的孩子，又会重复他父母的轨迹……

我们走入社会，和人建立人际交往关系的时候，即使是面对陌生人，也很容易受这种投射效应的影响，遇到事情总觉得自己的观点是正确的，即使是出于某种目的选择妥协，心里也不会轻易放弃自己的观点，还是希望能够说服对方。

心理学研究发现，投射效应让我们在日常生活中总是不自觉地把自己的好恶、欲望、情绪强加到别人身上，甚至强迫性地希望对方也有同样的表现。

如果一个人生性多疑，那么在他的眼中，别人往往也是不怀好意的；如果一个人单纯善良，他也会将所有人想象成和他一样单纯善良。相反，如果一个人总是在用尽心机算计别人，那他也就会以为所有人都在时时刻刻算计着他；自我感觉很出色的，总觉得别人也认为自己很优秀；悲观者，往往认为别人眼中的自己也是一事无成的……

这一切的一切都是我们自知或者不自知的投射效应在起作用。但是我们要知道，每个人都有自己的想法，尤其是在人际交往中，人作为独立的个体，每个人都有自己的思想。面对同一件事情，每个人都有自己思考的角度，人们的想法不可能完全一致，那么我们又有什么理由将自己的想法强加给别人呢？

总是反复将自己的观点强加给别人，是一种思想极度不成熟的表现，是一种认知障碍。长此以往，只会引起对方的反感，要知道谁也不愿意做他人思想的傀儡。

如果我们想要建立和谐的人际关系，就要学会避免将自己的观点强加给别人，这是对他人的尊重，更是对自己的尊重。"己所不欲，勿施于人"，己所欲，也切不可强施于人。

学会尊重和欣赏他人的观点，不要总是使用"你这样做不行""你得听我的""不听老人言，吃亏在眼前"等强制性的话语，在表达自己观点的时候，学会平等地听取别人的意见，投射效应的结果就可能只会等于零。

了解对方近况，借以搜集有效信息

在对方欣喜的时候，我们却说出了令人沮丧的话，这无异于给人泼了一盆冷水；
同样，当对方正处失业之际，我们却频频祝贺道喜，这无异于让对方怀疑你的居心，
你的人际关系只会险象环生。可见，及时了解对方信息，这一点很有用。

近来电视节目中涌现出一批宫廷戏、谍战剧，不管是后宫嫔妃内战，还是间谍打探密报，通常一个人物都是要了解对方的近况，然后搜集到最有效的信息，最后才能完成自己的使命。

生活当中虽然没有宫廷戏中的尔虞我诈，也没有固守江山的艰巨任务，但是在人际交往过程中，如果想从对方身上获取有效信息，同样也一定要去了解对方的近来情况。

一天，几个同事在酒吧喝酒。笑笑从窗口看见一个老太太在卖柿子，刚喝到嘴里的一口酒差点儿喷了出来，然后她笑着跟大家说："我跟你们说，我今天办了一件特好玩、特傻的事情。今天我竟然在一个高中同学订婚的日子里，给人家说媒去了。当时可把我那哥们儿吓坏了，拉着我就往外走，边走边说，哥们儿，你是不是没听说过柿子和核桃的笑话啊，搞清楚状况，别来给我惹麻烦啊。我这大喜的日子，你也不提

前了解了解情况，一年多没见，见面就给我保媒来了，我看你是给我毁婚来了吧！"

这就是不了解对方近况的"下场"，闹了笑话不说，有时候还会将事情搞砸。不信，我们可以回顾一下笑笑故事中的那个关于柿子和核桃的笑话。

有三个女婿要去丈母娘家做客，大女婿和二女婿在做客前一天打听到丈母娘家明天要吃核桃，于是就提前准备了一把锤子。而三女婿因为没有提前了解这一情况，没有搜集到有效信息，可想而知，当场出了丑。

后来，丈母娘又邀请三个女婿去做客，这一次，大女婿、二女婿又提前了解到这次丈母娘准备的是柿子，于是每个人准备了一把锥子。而三女婿又没有了解丈母娘家近来的情况，想当然地认为上次丈母娘准备了核桃，这次就也带个锤子吧。最后只好拿起大锤砸了柿子。

很多人都听过这个笑话，但不知道有多少人能从一笑中体会出深意。

我们和人相处，很多时候需要技巧。这其中最重要的技巧就是了解对方，然后适时向对方做出回应。这就好像人们常说的拍马屁要拍到点上，我们与人相处的技巧就是要找准对方的相处点。

要获得对方的近期信息，就一定要学会关心对方。电视剧中常常有这样的桥段，有人要向别人了解某个人的信息的时候，通常就会说是这个人的亲戚，听说这个人生病了，来了解情况。如此这般，就会顺利得到有用的信息。

不只是在电视剧中，现实中更是如此，对方的近期情况是自己做出行动、建立关系的可靠材料。

如果你不想在对方生病的时候乐呵呵地去道喜，如果你不想在对方想吃辣椒的时候给对方送去一罐蜜糖，如果你不想在和对方交往的时候像一只苍蝇一样到处乱撞，就一定要学会去了解对方的近期情况，搜集自己想要的信息，然后适时行动。

别抬高"自我"，而要抬高对方的"自我"

人际关系就像跷跷板，一头高，一头低，就要出问题。
所以千万不要太自我，也不要太"唯他"，学会平衡各方面，
才是处理人际关系的正确方式。

　　这是一个自我的社会，人人都希望强调自我的存在，要个性，要独一无二。然而很多时候，我们在与人交往时，却往往过于抬高"自我"，忽略他人的感受，不能满足他人的"自我"，而这是很不利于人际关系和谐的。

　　人和人之间的相处，其实就好像两个人同时生活在一块有限的空间里，一个人得到多了，另一个人拥有的必然就会少，这是很不利于两个人关系平衡的。过于抬高"自我"，只会使这种失衡越来越严重，最终的结果就是失去对方。

　　娱乐圈中存在这样一种现象，刚出道的明星为了提高自己的人气，无论是面对前辈，还是影迷，都表现得很谦卑，这时他不管是不是有大红大紫的潜力，都不会引来反面评论。可能等他出了名，只要表现出一丝抬高"自我"的倾向，马上就会引起诸多负面评价，并且他的名气越

大，公众对他抬高"自我"的行为就越是反感。如果他不能及时地意识到这一点，还是过于抬高"自我"，最终就会走出公众的视线，迎来大红大紫后的冬天。

明星如此，普通人也是如此，只不过明星要提高自己的名气，是为了赢得更多观众罢了。所以我们要想赢得人心，就必须要明白：请不要过于抬高"自我"，而忽略了他人的"自我"。

无论我们自己处于何种地位，都要保持谦虚的态度。正如有人曾说的，真正有钱的人，绝不会在他人面前显示自己的富有，真正有地位的人，在人前反而越是懂得放下自己的身份，这样的人才是真正能得人心者。

可见如果我们想和人建立良好的人际关系，想真正赢得人心，驾驭他人，就必须学会时刻保持一种谦卑的态度，而不是靠抬高"自我"，将自己放在高位。要知道只有别人将你看得很重要的时候，你的重要才是有意义的，否则你或许就是一文不值。你把自己抬得高高的，也只能是一个人的空中楼阁、海市蜃楼。

避免抬高"自我"，去满足他人的"自我"，还要求我们学会以人为先，不要总是觉得自己才是最重要的，自己才是最好的。在人前要学会给对方表现的机会，而不是处处表现自己，以自己为先、为重。要知道当你总是把自己当作中心的时候，或许你已经成了众矢之的，当你把自己当作唯一的鲜花的时候，最容易被摘掉的也是自己。

很喜欢这样一句话："你的地位是自己努力得到的，同时也是别人给的。有一天如果你过度地抬高了自己，那么支持你的人必然远离你，这时你的高位也将轰然倒塌。"人和人之间的相处，无论地位有多大的差别，都会追求一种心理上的平衡，而这种平衡就是自己的"自我"和他人的"自我"之间的平衡。这种平衡是支撑两人关系的支柱，如果一方过度抬高了"自我"，那么必然会失去这种心理的平衡，也就必然会失去两个人之间的关系。

所以要想赢得人心，请不要过于抬高"自我"，而不去满足他人的"自我"。

运用对方熟悉的语言，使他迅速理解你的意思

/

去外地旅游，要懂得当地的一些俗语，才能更好地与当地人沟通。

同样，与人交谈时，尽量使用对方熟悉的语言，运用对方易于理解的表达方式，

对方才能轻松领会你渴望表达的意思。由此可见，人际交往重在因人而异。

/

我们都有过这样的感受，将自己的名字或者自己熟悉的人的名字放在一堆人名里面，即使字号很小，我们也总能在最短的时间内找出来。同样，两篇主题相同的文章，对用自己熟悉的语言来表达的那篇，我们往往最容易理解、记忆。

初学古文的时候，老师往往先让学生记忆翻译过来的现代汉语，然后再背诵原文，结果学生常常是已经将现代翻译背诵得滚瓜烂熟，而古文依然不能成诵。面对这种情况，老师常常被气得大发雷霆："不就是换句话来说同一个意思吗？用心点背……"其实，这不过是熟悉的语言更容易被人理解和记忆这样一个普通的规律在作祟罢了。

在社会中和人交往，完全不同于学习古文，不必去为了考试一字不差地背诵，但我们却有同一个目的——理解。古文要先理解，才能在理解的基础上一字不错地背诵，虽然背诵好像相对于理解更重要。

与学习古文不同，生活中的理解比表达更重要。这就要求我们要充分利用对方熟悉的语言，让对方迅速理解自己想说的话，而不是要苛求表达方式。

斯沃普的故事足以说明这一点。当斯沃普还只是美国西部一家电力公司的小职员的时候，他为了当上分公司的经理，工作十分努力。然而在斯沃普事业发展最关键的时刻，他竟然因为一次竞争错失了一笔重要的生意。

当时斯沃普和卡内基竞争一笔生意，为了拿下这个项目，斯沃普精心策划了一套竞标方案，但是让人感觉无奈的是，这份精心制作的策划案，却让斯沃普失去了这笔生意。原因就是这份策划案没能从普通人的角度，运用人们熟悉的语言来表达，对非专业人士使用了专业术语，因此不能很好地让对方理解斯沃普的意图，最终让卡内基抢得了这笔生意。

后来，基恩·萨姆回忆起这件事时曾说过："看上去，好像他应该重新上一课了。斯沃普从一名工程师而非普通人的角度来写这份报告，那篇报告中的公式、详细的数据对于公司的领导们来说就像天书一样，所以另一家竞争对手才这么轻松地拿到了合同。"

商场如此，日常生活中我们与人交往时更是如此。运用对方熟悉的语言，让对方迅速理解你想说的话，要比追求巧妙、完美的表达重要得多。的确如此，通常来说，熟悉的地方、熟悉的语言才更能引起人们的兴趣。

不知道你是否有过这样的体会，走在大街上，当听到熟悉的歌曲的时候，会不由自主地放慢脚步。同样的故事，发生在我们身边时，要比发生在美国、西伯利亚更能引起我们的感动。当我们给朋友照相的时候，最美的瞬间往往是对方最熟悉、最擅长的姿势，而不是那些刻意摆出的"漂亮"动作。

这就是因为熟悉才更容易理解。所以当一个聪明的人想把自己的想法和意见表达给对方时，会将重点放在想方设法运用对方熟悉的语言上，让对方更容易、更迅速地理解自己想说的话。

要知道，当对方根本不知道你在说什么的时候，就算是再美妙、再动听的表达，也是毫无意义的。就好像金玉其外，败絮其中，就好像漂亮外衣下丑陋的灵魂，是无论如何也不会引起人们的好感的。因此请记住：熟悉的语言才更有利于双方的交流。

巧用镜子连环效应，这是一种有效的商务战术

我们照镜子时，会在镜子里发现一个跟自己长得一模一样的镜像。
你会怀疑眼前的它吗？你会抗拒这个它吗？当然不会。
这就是神奇的"镜子连环效应"。

朋友曾问我："你喜欢自己，还是讨厌自己？"说实话，我们谁都不会说讨厌自己，甚至当我们一次次看自己的照片时，会觉得自己越来越漂亮。这不是自恋，只是人的一种很自然的反应。就好像我们总是容易对和我们相似的人产生好感。

有一个从事人力资源工作的朋友曾说，每次他负责招聘的时候，遇到和之前的自己很像的人，都会觉得很亲近，总想多问他一些问题，也尝试给他一些好的机会。也有一位朋友告诉我，他惊喜地发现在和客户谈生意的时候，如果能找到对方与自己的相似点，并以此作为谈判的开始，整个过程就能进行得十分流畅，达成共识的概率也特别大。

其实这是"镜子连环效应"在起作用，这是一种很有效的商务战术。下面故事中的莫涵就巧妙应用了镜子连环效应，助自己走上了事业、感情的成功之路。

莫涵是一个开朗活泼的女孩，聪明的她总能引起别人的注意。无论是在学校，还是在公司里，她的人缘总是很好。而提到她的成功秘诀，莫涵总是说这要归功于她的第一任老板。

莫涵的第一任老板是一位成熟稳重的三十多岁女人，莫涵大学毕业后，就应聘到了这家公司工作。三个月试用期结束的时候，公司要对她和同时进入这家公司的另外两个人进行考核，合格者可以继续留用，不合格者就要被无情淘汰。三个人里莫涵的学历最高，业务能力也最好，几轮考核下来，她的成绩也是最好的。

然而就在莫涵以为自己毫无疑问可以留下来的时候，在最后一轮老板亲自面试中，她却被淘汰了。

那天，老板亲自面试了他们三个。莫涵在老板面前一如往常地表现出色，然而面试过后，人事部却告诉她被淘汰的消息。莫涵简直不敢相信自己的耳朵，不服输的她最后鼓起勇气敲开了老板的门。

"没有为什么，因为我不喜欢你这样的女孩，我在你身上看不到一点我喜欢的样子。"

很多年过去了，莫涵现在已经成长为一个出色的职员，然而每次当她回忆起她的第一次工作经历，她都会说："虽然她是一个自私的老板，但是她却实实在在地告诉了我，如果你想尽快让一个人，包括你的老板、客户，对你产生好感，那么你最好让他们觉得他们是在照镜子。试着去了解对方，然后模仿对方，这样会让你更容易接近对方。"

　　志同则道合，两个相似的人更容易产生共鸣，这是长久以来不争的事实。我们和人相处，不妨先试着去学习对方、模仿对方，让对方在和你的相处中找到相似点，这样对方就会很自然地在和你的相处中产生亲近感，从而愿意和你交往。

　　也许你会说："我就是我，我为什么要去模仿别人，充当别人的镜子呢？"但是不要忘了，与人相处，与人建立关系，是要从陌生关系开始的。

　　陌生人之间相处总是先抗拒、不信任，要与陌生人建立亲近的关系，是一件很困难的事情。如果你能让对方在你的身上发现熟悉的影子，两个人之间的距离就会缩短，你们之间的关系就会很容易拉近。

　　让自己做一面知心的镜子，这将是你通往人情关系、职场事业成功的"魔镜"。

主动把"没关系"变成"有关系"

/

试着将"没关系"变成"有关系"，试着让自己对周围的世界多一份好奇心，多一份求知欲，我们将会因此具有结交不同行业、不同性格朋友的源源不断的动力。

如此，才有可能走入他人的内心世界，在人际交往中顺利地"攻城略地"。

/

曾经有个人坐在苹果树下乘凉，一个苹果"啪"的掉在他的头顶。他捡起苹果，不是像其他人一样埋怨这该死的苹果，而是产生了浓浓的好奇。"它为什么会落到地上，砸在我的头上，而不是飞向天空，落到月亮上呢？"这个苹果让他感到不可思议，他开始认真研究，进行探索，终于发现了看似毫不相关的物体与物体之间的密切关系，发现了万有引力定律，开创了近代物理学研究的先河。他就是人类历史上最伟大的科学家之一——牛顿！牛顿的成功正在于他的好奇心和探索欲。

生活中，我们和人相处时更是如此。想和陌生人建立关系，就一定要找到一根连接彼此的线，所以就要学会将"没关系"变成"有关系"。我们对周围事物产生好奇心和探索欲，是因为好奇心和探索欲是走近他人、建立关系的月老红线。

当我们想做好一件事情的时候，通常会需要和不同行业、不同地位的很多人进行合作，而这就要求我们和这些人建立关系。但是一个人认识的人总是有限的，这就产生了一种矛盾，我们要如何做才能化解这种矛盾呢？记得有人说过，你和一个陌生人之间只隔着三个人，你只需要有好奇心和探索欲，就能在自己和陌生的"他"之间建立一种关系，进而变成熟人，成为朋友。

世界因好奇心而进步，人类社会因好奇心而变得更加文明。主动把"没关系"变成"有关系"，人与人之间才会变得熟识，世界才会充满关爱。世界的美好就在于它的色彩斑斓，而色彩斑斓正是因为好奇心才存在。

没有了好奇心和探索欲，我们的世界将会一成不变和死气沉沉，人与人之间只会是陌生而冷淡的。记得一部电视剧中有这样一个情节：老师在黑板上画了一个圆，问孩子们这个圆像什么。幼儿园的孩子们讲出了几十种，小学生讲出了十几种，中学生讲出了八九种，大学生讲出了两三种，社会上的人们一种也讲不出。

故事虽然有些夸张，但很真实。后天的学习禁锢了我们的想象力，把我们禁锢在死的知识里，思维萎缩，终于成了不敢想、不敢说的人，于是被称为"成熟"。

好奇心让人去探索。好奇心是人类社会向前发展的不竭动力，是探求知识的内在源泉。正是因为人们对自然科学、社会科学乃至哲学深厚的好奇心，才推动了人类文明的不断进步。不断探索才能结交不同的朋友，而朋友多了，路才会更好走。

好奇心让人坚持不懈。好奇心的出现往往出于偶然，但好奇心却不仅仅存在于偶然。对于普通人来说，偶然出现的好奇心可能稍纵即逝，但对于那些有准备的人和不懈努力的人来说，这些偶然出现的好奇心甚至可以演化成他们终生追求的目标。和人相处，试着将"没关系"变成"有关系"，保持好奇心，那么我们就会坚持于自己对周围事物的兴趣，就会更多地走近别人，探索有助于自己成功的人际关系。

毫无疑问，好奇心是对未知领域的不懈探索和追求，也是对现有规则的深化和研究，甚至是对既有行为和准则的悖论式思考和颠覆性行动。

当我们试着将"没关系"变成"有关系"，试着对周围世界产生好奇心和探索欲的时候，我们便开启了一扇走入他人心灵的大门。而随着对他人认识的不断深入，好奇心又让我们发现了更多完全与自己不同的世界，让我们更有动力、有信心，也有能力去了解他人。

第七章

如何一说话就
获得更大优势

去商场购物，只要一看商品标签，我们就知道它是低档、中档还是高档商品。对于一个人来说，他的言谈举止就是他个人的独特标签。一个人能否把话说好，决定了人们对他的角色归类。而且这个标签一旦确定，就极难更改。所以一见面就把话说好，尤为重要。

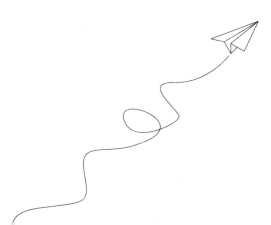

学会巧妙地自我展示，引起强烈共鸣

/
想在谈话中占据主导地位，
就要多谈和大家息息相关的事情，并说一说你的经历和经验。
这就像打开了话匣子，别人会迫不及待地想跟你交流一番。
/

杰克是大家公认的社交明星，他在各种宴会、酒会、社交活动，甚至是旅途中，都能交到很多朋友，这些朋友来自各行各业。朋友们对此很疑惑，问他是不是有某种磁性，总能把别人吸引过来。

杰克说："并不是我有什么磁性，只不过在参加派对或者宴会的时候，我总是先观察我想与之交谈的对象，观察他们的形象，倾听他们的谈话。如果他们在谈论最近投资了哪些股票，我就会插进去谈些自己炒股的经历，比如我都投资了哪些股票，亏损了多少，又赚了多少，等等。这时候，人们往往非常愿意和我聊天，因为他们觉得跟我有相似的经历是一件很不错的事。于是我总能引起其他人的共鸣，这就是我受欢迎的原因。"

有的人之所以总能成为众人关注的焦点，并不是因为他在某些方面有什么过人之处，而是他知道怎样去引起别人的注意。有时候，简单的几句话就能让别人敞开心扉。想引起别人的共鸣，不妨和对方说点"知心话"，让对方感觉到你的亲切和真诚。如果你能让对方有一见如故的感觉，那就是你对自己的最好展示了。

其实说话是一门艺术，想让别人对你产生兴趣，你就需要展示自己的魅力。如今的上班族对健康、住房等问题非常关注，你不妨在正式谈话前说一些类似这样的话题："我最近总觉得脊椎酸疼，可能是坐的时间太长了，老是不运动的结果""最近这房价还是居高不下，也不知道什么时候才能买得起房，结婚都成问题了""这段时间我总是失眠"……对于这一类话题，多数人都会有兴趣继续聊下去。此类话题能很轻易地让对方产生共鸣，于是聊天的气氛也会轻松不少。

有的人喜欢显示自己博学多才，因此喜欢谈论些时事、经济类的话题来引起别人的关注，而这往往会让人觉得他是在卖弄学识，不仅起不到展示自己的作用，反而会让气氛变得很尴尬。比如说"最近美军在试射极音速飞行器，数分钟可对任何地点攻击，真是太厉害了""欧盟成员国领导人总算是通过了债务危机的全面应对方案""专家说俄罗斯的GDP将恢复到经济危机前的水平"……诸如此类的话题不但引不起对方的谈话兴趣，反而让人觉得你这个人枯燥无味。

所以说想在谈话中占据主导地位，就要多谈一些和大家的生活息息相关的事情，大家都很关注的事情。

比如在演讲的时候，如果你一上来就开始念自己的演讲稿，并且你的听众恰好是一群"80后"的年轻人，那么效果可想而知。演讲一方面是一个展示自己的舞台，另一方面还要求你能带动现场气氛，让大家的思路跟着你走，这样才能收到良好的效果。针对不同的观众，你要运用不同的说话技巧。

假设你被邀请去某大学做演讲，那么开头的时候，不妨先和大学生们聊聊"家常"，比如说"今天非常高兴能来到这座美丽的校园，让我不由得想起了我上大学时候的情形。不过那个时候我们只顾埋头学习，因为我们不知道什么是有用的知识，在未来会不会用得上，所以要努力学。而你们现在明明知道很多知识都是没用的，还是要学，还要应付考试、比赛，所以我非常同情大家。"简短、幽默的几句话很容易让大学生们产生共鸣，即使你接下来要讲的话题不是那么引人入胜，大家也会非常认真地听下去。

如果你是一名营销人员，切忌一上来就和客户谈自己的产品，不妨以这样的话题开头："您是开车过来的吗？听说最近汽油又涨价了，现在就是买得起车，都快开不起了。"这样客户就很容易会和你产生共鸣，并且愿意和你继续聊下去。接下来，你再选择合适的时机和客户谈论自己的产品，这样做的效果比"直入话题"要好得多。

可见，巧妙地自我展示才是拉近与他人之间距离的最有效方法。

积极主动：先下手的人总是抢先靠近机会

机会都是靠自己努力争取得来的，做同一件事，如果你能抢先一步，
就能比别人先抓住机会，成功往往取决于这一瞬间。

中国有句话叫"早起的鸟儿有虫吃"，这句话虽然很直白，但是说明了一个深刻的道理，那就是做同一件事，只有领先别人一步，才更靠近成功。

机遇面前人人平等，如果你能抢先一步，就能比别人先抓住机会，成功往往取决于这一瞬间。很多成功的企业家之所以能在某个领域闯出一片天地，就是因为他们比别人先抓住商机，最先看到这个市场的前景。这便是我们常说的"先下手为强"。

交朋友也是一样，有的人经常抱怨说从前很要好的朋友现在都不怎么联系了，再见面的时候已经形同陌路。其实很多时候，我们在和朋友相处的时候，也需要积极主动一点。主动给朋友打个电话，聊聊最近的情况，询问一下对方最近都遇到了哪些新鲜事，有没有碰到什么难题；在街上遇到的时候，主动打声招呼；当朋友遇到困难的时候，主动伸出

援助的手；等等。和朋友见面时，我们可以这样聊："最近怎么没听到你的消息啊，现在怎么样了，头还疼吗？我认识一个非常好的大夫，不如哪天我带你一起去看看吧""嗨，今天在街上碰见你真是太巧了，中午一起吃个饭吧，咱俩好好聊聊""听说你最近工作非常不顺心，想跳槽是吧，我一个朋友的公司正好在招人，不如我介绍你过去看看吧，薪资待遇都很不错的"。

很多公司都花费了大量金钱和精力来培训营销人员，其中最主要的目的就是提高他们与人沟通的能力和营销技巧。而所谓的与人沟通的能力，无非就是让这些营销人员掌握说话的艺术，积极主动是他们要上的第一课。

研究发现，成交量最多的营销人员往往都具备积极主动的特点。

张迪是一家汽车4S店的销售人员，他在推销汽车的时候，非常注重客户的满意度。在看见客户进门的时候，就马上主动走上前去问候："您好，我是这家4S店的销售人员，我姓张。您这边请，我给您倒杯水好吗？"客户在听到这样简短的几句话的时候，往往都会被张迪的热情所感染，并且感到非常贴心。有的销售人员认为反正客户是来买汽车的，等他们找上来不就行了嘛。其实很多时候客户来购买的不光是产品，还有服务。主动热情的销售人员通常能在第一时间让客户记住自己，从而达成最终的交易。

很多人可能都有这样类似的经历，那就是在参加活动，或者是在飞机上、火车上的时候，很想认识身边的人，但并不知道该如何打开话匣子。其实，拉近自己和陌生人之间的距离很简单，不妨主动和对方打声招呼，聊聊家常，比如可以说说这些话题："今天天气还挺热，得有24度了吧""嗨，你看的是什么书啊，好像挺有意思的嘛""你球打得不错嘛，以后咱俩找机会切磋切磋，怎么样""你觉得今天的这个健康讲座怎么样，我最近老是头晕，还失眠，也不知道按照这个老师教的方法会不会改善"……既然想认识别人，想拉近彼此之间的距离，就要积极主动，不要被动地等别人来和你打招呼。因为只有积极主动的人，才能更靠近机会。

王凌最近参加了一个英语培训班，因为他的英语说得不太流利，而目前他所在的公司正好有一个出国学习的机会，他想把握住这个机会，就必须能够流利地和外国人沟通。他打算通过在培训班的学习，快速提高自己的英语口语水平。上课时，王凌总是主动发言，但是毕竟课堂时间有限，想在短期内提高，还需要在课下花大力气。因此，王凌在下课之后主动向老师请教问题，在谈话中也尽量用英语交流，遇到了问题还主动打电话请教。后来，老师看到王凌如此用功，就给他介绍了一个美国朋友。面对面地和老外交流，不仅让王凌的口语进步很快，而且还让他了解了很多有关美国文化的常识。最后，王凌顺利获得了出国学习的机会。

所以说，机会都是靠自己努力争取来的，只有抱着积极主动的心态，你才能更靠近机会。

讲"废话"也是一种能力

会讲"废话"的人，总能牵着对方的鼻子走。

并且很多本来不认识的人，就是通过讲"废话"逐渐成为莫逆之交的。

你还认为，讲"废话"是浪费时间的事吗？

一般情况下，我们应该尽量使自己说的话精辟、简短、易懂。但在某些特殊的环境里，能讲"废话"，会讲"废话"，也是一个优秀的谈话者必备的能力。

为什么这么说呢？

比如说不太熟悉的人一见面，视而不见不好，交浅言深也不对，于是大家会不约而同地说几句"天气真好"之类的话。这种话不就是"废话"吗？很多朋友就是从说"废话"这一步熟悉起来的。

讲"废话"有时也可以打破沉重的谈话气氛。比如在工作谈话中，有的时候合作双方为了本部门或本公司的利益，你一句我一句互不相让，展开唇枪舌剑的较量。无论多理智的人，难免都会有无法克制的时候，说了不该说的话，以致谈话双方剑拔弩张。

在这种情况下，如果双方都不愿意各退一步，很可能会谈就会以失败告终，最后双方不欢而散。但是，如果谈话双方中有一方懂得怎样说"废话"，适时岔开话题，或是给彼此一个台阶下，谈话就能够顺利地进行下去了，这种结果对双方都有利。

大宇妈妈人很好，就是脾气有点急，经常会因为一些小误会和大宇爸爸吵架。大宇爸爸脾气好，一般不和大宇妈妈一般见识。但是俗话说"泥人还有三分土性"。

这天晚上，大宇妈妈因为大宇爸爸回来晚了，非说他现在不愿意回家，就喜欢在外边"野"。这下子，累了一天又加班的大宇爸爸急了，便和大宇妈妈吵了起来。

过了一会儿，到同学家写作业的大宇回来了，刚出电梯就听见爸妈吵架的声音，他心想这可怎么办？

大宇推开家门后，装作根本没听见爸妈的吵架声，大声喊道："爸，妈，你们猜怎么着？今天我去路云家写作业，他妈晚饭做了黄花鱼，竟然比我爸做的还要香！"

要知道大宇爸爸做黄花鱼可是一绝，对此他也很自豪。大宇妈妈一听，认定这是一个打击大宇爸爸的好机会，"看看你，还好意思说，天天和我炫耀，今天让人比下去了吧！"

大宇爸爸一听不干了，"这不可能，我有秘方的！"

大宇顺势说："我也觉得不可能，但是路云妈妈做的鱼真的挺好吃，这么一说，我又饿了，正好咱家还有鱼，要不您露一手，让我再尝尝到底是您做得好吃，还是路云妈妈做得好吃。"

大宇爸爸本来就在生气，哪有心情做鱼，但是看到一旁的大宇妈妈一脸看好戏的表情，大手一挥，说："大宇，拿鱼去。爸爸给你做，马上就好。"

大宇爸爸在厨房一忙，吵架的事也就忘了。等鱼做好了，端上桌，大宇爸爸说："怎么样，还是你爸爸我做得好吃吧。"

大宇偷笑，"我就是给您找点儿事干，省得你们吵架。"这么大岁数了，还让儿子操心，大宇妈妈和大宇爸爸都不好意思起来。

大宇说的关于做鱼的"废话"，其实就起到了打岔的作用。

如果在谈话中遇到火药味太浓的情况，也可以通过说"废话"来打岔。另外，如果要拖延谈话的进程，以达到某些目的，也可以通过说"废话"来实现这一目标。

如果自己在谈话中处于不利地位，就可以通过讲"废话"来拖延时间，以期寻找机会变被动为主动。比如在谈交易的价格问题时，对方咬准了不松口，我方被逼入死胡同。如果不降价，会显得我方是在耍无赖；如果降价，我方的利润会被压得很低。在这种情况下，就可以用讲"废话"的方法了。

这个"废话"可以是对前面某一谈话的归纳总结，也可以干脆就是一看时间差不多该吃饭了，就谈谈该吃些什么，然后把话题扯到美食上去。

　　会讲"废话"的人总能牵着对方的鼻子走。其实就是和他"侃"，说"废话"说得对方云里雾里，这些"废话"既不能有实质性的意义，又不能给对方打断你的机会。"废话"要"废"得无形无质，才是最高境界。

　　学会在不同的情况下说"废话"会帮助你将谈话顺利地进行下去。

初次见面，掌握对方的信息越多越有利

/

不管在何种场合，要在初次见面的时候给对方留下一个深刻、良好的印象，
最好的办法之一就是多了解一些关于对方的信息。
你了解得越全面，就越容易给别人一种受重视的感觉，
还能营造出亲切、融洽的气氛，这对你是非常有利的。

/

很多人都有类似的体会，如果对初次见面的对象有一定的了解，就能减轻紧张感。在谈话中也很容易进入主题，能够不同程度地消除彼此之间的陌生感和可能出现的尴尬。

比如你明天需要去见一位新客户，今天你就应该对这位客户的信息有一个全面的了解。

这位客户是做什么工作的，他的工作涉及哪些内容，他的年龄和婚姻情况，他是否曾经和竞争对手的公司合作过，等等。

最好提前查阅一些这位客户所在行业目前的动态和信息，这样，你在和客户交谈的时候，就能很轻松地找到客户感兴趣的话题，从而逐渐消除双方初次见面时的陌生感，也避免了可能出现的尴尬局面。对客户了解得越多，客户就越会觉得你对他重视。给客户留下一个好的第一

印象，对你以后的工作非常有利。

李杉是一家进出口贸易公司的董事长助理，公司经营的项目是高科技电子产品，经常需要和外商进行商务往来。

最近，公司要和一家美国公司开展业务。经过多次联系之后，这家美国公司决定派分公司的一名总经理来中国和李杉所在的公司洽谈，接待这位总经理的任务就落在了李杉的身上。董事长一再强调说："一定要把这位美国人招待好，这直接关系到公司的利益和今后的发展。"因此，李杉对这份接待工作不敢怠慢。

当李杉得知这名总经理是一位美国人的时候，他马上查阅了一些资料，了解和美国人进行商务往来需要注意的事项，比如挑选什么样的见面礼，预订什么样的酒店，晚上安排什么样的活动，在哪里进行商务会谈，晚宴选择什么样的菜系，等等。在这些方面，他都做了非常周到的安排。另外，他还细致地了解了很多有关美国文化的信息，着重调查了这名总经理的年龄、爱好、家庭成员、资历等。当他发现这名总经理到达中国的那天恰好是他的生日时，他又安排了一场具有中国传统特色的生日宴会，让这名美国客人体验了在中国过生日的独特和温馨。

在进行商务会谈的时候，这名总经理对李杉所在公司的周到安排和热情接待非常满意，表示了建立长期友好的业务往来的意愿。

从这个案例中我们可以看出，由于李杉在接待这名总经理以前做了非常详尽的调查工作，才使得他的接待工作得以圆满完成，这不仅给公司创造了利益，还让李杉在公司的地位得到了提高。所以我们说，在和对方初次见面的时候，要得到一个好的结果，就要先对对方有一番全面、详细的了解。你掌握的关键信息越多，对你就越有利。

日常生活中，我们经常会应朋友之邀去参加一些聚会或者娱乐活动，并且朋友可能还会提出介绍几个新朋友认识。

这时候，不妨多问一些有关这些即将认识的新朋友的信息。当然，尽量不要问私人问题，可以问年龄、兴趣、爱好、职业、在哪些方面非常在行，等等。比如说当你得知即将认识的这个朋友是一个非常热衷于打篮球的人，那么不妨多查阅一些有关篮球的信息，这样就不愁在初次见面时没有话题可聊了，对方也会发现与你非常合得来。

面试的时候，很多面试官都会问一些与公司情况有关的问题，目的是想看看应聘者对公司有多深的了解，是不是真心想在这里工作。你了解得越多，并且在面试的时候表现出对这家公司的仰慕，决心在这里做出成绩来，就一定能给面试官留下深刻的印象。需要了解的内容包括公司的成立时间，董事长是哪位，公司经营什么项目，公司的企业文化，公司成立的一些背景，公司在过去都取得过哪些成绩……掌握了这些信息，在初次面试的时候，就很容易"收买"面试官，为自己争取下一次的复试机会。

很多心理学家认为，无论在何种场合，想在初次见面的时候就给对方留下一个深刻且良好的印象，最好的办法就是多了解一些对方的信息。你了解得越全面，就越容易给人一种感觉——你很重视这次面试，并且希望得到这份工作。同时还能营造一种亲切、融洽的气氛，这对你的面试成功是非常有利的。

记住对方的名字，并频繁使用

如果你能在短时间内牢记对方的名字，并在谈话过程中频繁提及，
对方一定会像享受到一顿美餐一样记得这次愉快的畅谈。
而当你与对方进行过十分愉悦的畅谈后，对方记住你的可能性会提高 10 倍。

很多心理学家认为，在和陌生人相处的时候，第一时间记住对方的名字，不仅会让对方觉得受到了尊重和重视，还能拉近你们之间的距离，增进彼此间的亲密感。成功学大师戴尔·卡耐基说："一个人的姓名是他自己最熟悉、最甜美、最妙不可言的声音，在交际中最明显、最简单、最重要、最能得到好感的方法，就是记住人家的名字。"

而我们常常有这样的感觉，世界上最美妙的声音是听到自己的名字从别人的口中说出来。在社交场合中，听到自己的名字从别人口中说出来，内心会变得非常愉悦，这说明自己受人尊重，并且找到了被需要的感觉。换位思考，别人的名字在社交中也格外重要。

如果你能在短时间内牢记对方的名字，并在接下来的谈话过程中多次提到对方的名字，那么对方一定会记住这次愉快的畅谈。而当你与对方进行过十分愉悦的畅谈后，对方记住你的可能性会提高10倍。

然而一个人的名字不像他的相貌那样直观，而且容易发生到了嘴边却说不上来的窘况，尤其是在同一场合出现很多人时，会出现张冠李戴的现象。那么，如何一下子就记住对方的名字呢？有以下几种方法。

第一，要仔细地听清对方的姓名，然后在心里默念几遍，并且观察对方的面部特点。

第二，即使你已经听清楚了对方的姓名，最好也要礼貌地说一句"对不起，可以再重复一遍吗"。重复是记忆的重要手段，每重复一遍你想记住的内容，你记住它的可能性就会增大一些。

第三，在谈话后的休息时间，请花些时间回忆刚才与每个人见面的情景，重复他们的名字、拼写、姓氏起源以及发生的有趣的事情，这样你就可以在每个姓名的周围建立起可供以后联想的资料。

第四，跟对方道别时，最好提起对方的姓名，要知道一件事情的开头和结尾是最容易记住的。

第五，写下名字是个不费力却很有效的记忆方法。

如果你此时已经清楚地记住了对方的名字，那就学习在谈话过程中频繁地使用吧。

当你和别人谈生意时，你得把注意力放在交谈对象的身上，必须用眼睛去做交流，对他们微笑，真诚地和他们握手，聊一聊生意上的事情，这时候，你便可以频繁使用他们的名字了。这会让对方感受到你的真诚，有助于生意洽谈成功。

如果你是一位老师，当你给学生们布置学习任务时，试着喊出某个学生的名字。从学生的表情中，你可以观察到他在这节课上是多么快乐，不仅学习积极，还帮助老师维持课堂秩序，主动帮助其他同学，因为他觉得受到了老师的重视。仅仅是你喊了一声他的名字，他就能表现得如此出色，可见他是多么希望老师能关注、重视他。请经常地在课堂上喊出你的学生的名字吧，让他们感觉到自己在你心目中有一个位置。老师时刻关注、重视学生，学生也会在课堂上给予老师回报。

如果你是一位销售员，当你推销自己的产品时，你可以一边友善而爽快地伸出手，一边说："你好，先生，您怎么称呼？"这样一来，对方也不好意思不报出自己的名字。"我叫××。"对方会这样回答，并和你握手。这样，你就清楚地记住了他的名字。"是这样的，××先生。"此时，你重复他的名字，"听说你们酒店正在招标酒店用品，我们公司的产品相当不错。虽然今天早上我没有先约好时间，但是××先生，您能拨出一点儿时间吗？我保证不会逗留太久，不会影响您的其他事情。"这样做，你所付出的热情一定会得到回报的。

努力记住对方的名字，并且在谈话过程中频繁使用，是一种既简单又重要的获取对方好感的方法。这是一种礼貌，也是一种感情投资，会在人际交往中取得意想不到的良好效果。这也是一种善待生活的态度。有一天，当你拥有一份属于自己的"名字库"时，你就拥有了一份受益终生的财富。

聊点长远的，让对方觉得你有长期交往价值

/
如果与人聊天，总是谈论一些鸡毛蒜皮的事情或者八卦新闻，
这只会让人觉得你是一个胸无大志、目光短浅的人，
别人怎么可能乐于天天跟这样的人待在一起呢？
相反，那些总能带给他人希望和憧憬的人，则会被列入永久朋友的行列。
/

当我们与人聊天的时候，谈论的内容是生活中的趣事，别人的八卦新闻，还是对未来的设想，对理想的追求？如果稍加注意，你就会发现不同的人喜欢的话题不同，产生的效果也不同，因此对交谈者的定位也不尽相同。

张元是个乐观开朗的小伙子，周围的人很喜欢他，所以他总是能结交到很多朋友。但是张元发现许多朋友并不十分喜欢与他聊天，而且有不少老朋友与他的联络越来越少。张元将他的烦恼说给一个老同学听，以发泄心中的不满。同学在听了张元的苦恼后，对他说："与你在一起时，总是谈一些鸡毛蒜皮的小事，只能看到现在，看不到未来，所以大家的兴趣也在渐渐减退，对与你的交往也失去了热情。"

张元这个同学的话道出了原因所在，也是我们在与人相处时常常遇

到的问题。如果不重视这些问题，你也可能会遇到张元那样的烦恼。

其实在与人聊天时，除了说一些家长里短、生活琐事之外，还要让人觉得你是个有远见的人，在考虑自己的未来。这样做，对方就会感觉是在和一个有理想的人交往。和这样的人在一起，人们也会对生活充满了希望。

要做到这一点，首先要让自己成为一个有理想的人。试想一个整天只想着一日三餐，从不为未来做打算的人，如何会想到未来，如何会考虑理想的实现？既然心中没有理想，又如何谈论理想？

文斌是个学三维动画的大学生，对制作三维动画有着特殊的兴趣和独特的见解，常常为了一个小动画的尽善尽美而废寝忘食。文斌在大二的时候就组建了一个创作小团队，成员是来自不同专业的学生，他们有一个共同点，就是对三维动画的热爱。更重要的是大家信任文斌，喜欢与他一起创作，听他聊一些对三维动画的见解，文斌对动画的见解和设想常常给大家带来意想不到的灵感。

毕业后，文斌继续从事他喜欢的三维动画工作，并在工作中结识了一群志同道合的朋友。在交往中，朋友们发现文斌无论遇到什么困难和挫折，始终满怀对工作的热情，从不抱怨眼前的困难，总是带着激情谈论他所喜爱的动画，以及对未来的憧憬。文斌经常挂在嘴边的一句话就是"每个人都有飞的渴望"，这句话也在不知不觉中激励着大家。

后来，文斌自己开了一家三维动画制作公司，公司里的技术骨干都是他的朋友和同事。大家都认为文斌是一个有理想、有抱负的人，与他共事，会感觉有激情、有希望，对未来充满向往。

现代人生活节奏快，工作压力大，经常会感觉到身心疲惫，慢慢地，就在生活琐事中消磨掉了当初的理想和憧憬。当你在不经意间把曾经的美好向往重新拉回到他的面前时，他会觉得像是被从长久囚禁的暗室里释放出来，终于又呼吸到了新鲜空气，重新获得了拥抱新生活的权利。对于一位有如此重大帮助的朋友，他自然会将其列入永久朋友的行列中。

不过在聊天中，我们还应当注意，不能只顾自己夸夸其谈，也要观察对方的反应。如果你聊的话题并不是对方感兴趣的，就很难引起对方的注意。当你谈论的内容是对方关心的话题，而你又能恰如其分地为对方提供一定的建议，那将会收到事半功倍的效果。

在人际交往中，聊天占据了十分重要的地位，也是获得信息和展现个人魅力的最直接方式。利用好这条渠道，展示你的优点和长处，体现你的内在价值，就会让对方觉得你是一个有远见且值得长期交往的人，是一个可以给予他指导和希望的朋友。

如何完美地结束与他人的谈话

/
一句狗尾续貂的结束语，可能会使本来欢快的交流戛然而止；
而一个完美的结束语，则可令对方对此次交谈意犹未尽，
即便谈话结束后，他仍然会产生想与你再次相见、相谈的欲望，
这样的结束才算得上是真正的完美。
/

　　做事要有始有终才算完美，狗尾续貂永远只会是人们口中的笑谈。同样，与人交流时，有一个好的开场，过程也聊得非常开心，这些固然重要，如何完美地结束谈话，也是不容忽视的。

　　然而很多人却容易忽略这一点。有些人每次在与人交谈的时候，总是能找到好的搭讪方法，自然而然地进入交谈过程，也能在交谈过程中找到对方感兴趣的话题，将谈话持续下去，让双方相言甚欢，但是总会忘了要完美地结束谈话。结果就是给对方留下了不完美的印象，甚至使之前的努力全都白费。

　　紫晴与曼雪相比，有着天上地下的差别。紫晴长相一般，甚至有点土，大学期间的成绩也像她的长相一样毫不出众。而曼雪不但毕业于名牌大学，长相更是没得挑，出落得就像一个公主一样漂亮。曼雪不知道

像紫晴这样的女孩是怎样和她一起被公司录取的，她在打败紫晴这一点上充满了信心。

然而事情完全出乎曼雪的意料，一个小之又小的事情改写了她早已认定的结局。

在离试用期结束还有一个星期的时候，老板将一起进入公司的曼雪和紫晴叫到了办公室谈话。在与老板的谈话中，曼雪很快就进入了状态，不但对老板的提问应答自如，还不时发表一些自己的见解。曼雪也看出了老板对她的欣赏。

可是就在谈话快要结束的时候，曼雪的手机响了。她急忙挂断了电话，然而紧接着，电话又响了起来，她再次挂断。就这样，电话第四次响起来的时候，老板示意曼雪可以出去接电话。三分钟后，曼雪挂断电话，准备返回老板办公室，看见紫晴已经从办公室里出来了。曼雪走过去问紫晴老板在自己走后有没有再说什么后，就没有多想，去继续工作了。

然而令曼雪无论如何也没有想到的是，一个星期后留下的是紫晴，自己被通知没有通过试用。曼雪无论如何也想不明白原因，自己业务能力明明比紫晴强，怎么会是这样的结果？既然想不通，不如去问老板。

听了曼雪的疑问，老板笑了笑，说："曼雪，你什么都比紫晴优秀，然而你却忽略了一个很重要的细节。还记得一个星期前的那次谈话吧，那天我在办公室等了你一上午，就是等你来和我结束谈话，可是你没有来。

我和紫晴的最后两分钟谈话没有什么实质性内容，但是代表了一种态度，而你却忽略了这一点。一个连谈话都不能做到有始有终的员工，即使再优秀，也是不够尽职尽责的。"

完美地结束与他人的谈话，会给对方留下一个完美的结局，同时也是下一次完美交流的开始。试想一个人在给别人留下坏结局之后，他还有多少兴趣想要下一次的开始呢？

那么，如何才能完美地结束与他人的谈话呢？

最重要的是要做到有始有终，不可犯像曼雪那样的错误。要知道很多人都是非常注重细节的，尤其是上级人物，千万不要认为结局不够重要，从而将其忽略。谈话时无论你因为什么情况中途离开，都要在事后和对方打个招呼，这是最起码的礼貌。

做到有始有终，还要学会恰当地结束谈话。如果你突然有急事要马上结束谈话，可以直接告诉对方，表示歉意，或者委婉地表达出来。另外还要记住，如果要谈的问题没能说完，一定要告知对方会尽快安排下一次的交谈，然后尽快做出安排。如果你发现对方有想结束谈话的意思而又不好意思提出来，就要适时提出，并先表示歉意，这样既能解除对方的尴尬，又能增加对方对你的好感。

要有下一次完美的交谈，就要让对方对这一次的交谈意犹未尽，这样的结束才算得上是真正的完美。

第八章

让对方信赖你，就是成功的第一步

　　赢得他人的信赖，就像取得大学的录取通知书一般。有了这份录取通知书，你才能进入这所"大学"，与之共同受益、共谋未来。如果没有这份信赖，那么一切都无从谈起。

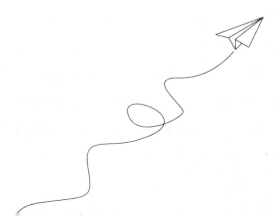

要尽可能地赞同对方

/

人们喜欢赞同他们的人，就像花儿喜欢春天一样，
只要你送给他们如春天般的温暖，他们就会送给你无比灿烂的笑脸。
这就是赞同的魅力。

/

怎么样才能让对方更加信任你呢？首先无论如何，切记要赞同对方。对对方的赞同，体现了对对方的尊重，使双方的交流处在一个平等且双方都可接受的平台上，这样就为交流的顺利进行打下了坚实的基础。

每个人的内心深处都渴望得到别人的赞同和认可，这样可以让自己有被理解和被支持的感觉，明白自己得到了对方的肯定，自尊心和自信心也得到了增强，自然也就乐于进行这样的交流。

对于工作中一些事，因为涉及双方利益和很多原则性问题，可能要复杂一点，我们不能盲目地赞同对方。比如说，双方进行商业谈判，遇到瓶颈，僵持不下，因为每一个百分点都涉及公司的巨大利益。如果在这种情况下赞同对方的立场，结果就不仅仅是丢工作了，估计还要吃官司。这个时候，我们可以采取一些什么策略来扭转局面呢？重要的还是

先要赞同对方的看法中和我们相一致的观点，站在双方共同利益的基础上，从长计议。这样不但可以缓解紧张局面，还会为交流的继续进行铺平道路。

我们来看钢材检验员王戈的经历吧。

一天早晨，王戈刚到公司，就有人打电话来抱怨王戈公司发到他们厂里的一车钢材质量不过关，要求立刻把钢材运走。王戈立刻赶往对方的工厂，路上一直在思索解决问题的方法。通常情况下，王戈会按惯例引证钢材的分级规则，用自己的经验和知识使那位钢材检验员相信钢材是符合标准的，是对方误解了规则。

来到工厂，王戈见到了对方的采购代理人和钢材检验员。他们一脸严肃的样子，好像随时要进行争辩。王戈请求他们继续卸货和检验，自己在一旁看情况。他们把合格的放在一堆，不合格的放在另一堆。很快，王戈就发现他们检查标准太苛刻，而且检验员的确误解了规则。这批钢材是一种新型钢材，而这位检验员似乎对这种新型钢的检验不太了解。渐渐地，王戈开始询问对方为什么不满意，但是始终坚持用对他们赞同的态度来和他们交流。

在王戈友善询问的赞同态度下，气氛开始缓和下来，这位检验员也逐渐认识到，在这堆不合格的拒收品中，似乎也有符合他们购买标准的——其实他们也需要其他型号的钢材。

检验员改变了对王戈的态度，最后承认他对于这种型号的钢材没有太多的检验经验。此后，每从车上卸下钢材时，他总是询问王戈的意见，王戈就给他解释为什么这块钢材是合格的，同时始终坚持一个原则：如果钢材不符合他们的要求，仍然可以拒收。

然后就出现了这样的情形：每放入拒收堆里一块钢材，检验员就神色不安。最后，他看出来了，问题出在他们没有按要求订购钢材，而不是这车钢材本身有问题。

最终的结果是他们重新检验了钢材，并接收了这车钢材。

在这件事中，王戈只是赞同了对方的说法，没有直接与其正面争执，就挽救了这车钢材，至于由此留下的好感，就不是用金钱可以衡量的了。

钢材检验员王戈在处理与合作者的小纠纷中采取了冷处理的方法，以静制动，没有与对方进行对抗性的争论，只是尊重对方的思路和想法，赞同对方，让对方最终"恍然大悟"。这样不但解决了问题，还避免了不必要的争端，为对方保留了面子，使双方的合作能继续友好地进行下去。

面子对于中国人很重要，所以在交往中要尤其注意保护对方的面子。赞同对方，就充分考虑了对方的面子。人们有这样的心理，就是不希望别人反对自己，哪怕自己是错的。别人公然的反对，简直是让人颜面无存，所以人们常常会为面子而战，为"荣誉"而战。如果出现这样的局面就不妙了，双方为一个问题争得脸红脖子粗，这对谁来说都绝对不是一件好事，结果只能是两败俱伤。

生活中，我们对待身边的人，也应该首先采取赞同的态度。如果父母给了孩子更多赞同和肯定，家庭气氛将更加和谐美好；如果领导给了下级更多赞同和肯定，大家的工作积极性、创造性将不断被激发；如果商场中的合作者得到更多赞同和肯定，合作的过程将更加顺利愉快。

我们应该大声地说"老婆，你说得对极了""哥们儿，我百分百赞同你"。当然，如果你有什么异议，可以补充一句"咱们再研究一下细节"。这时候，就可以把自己的想法渗透进去。而在互相尊重的前提下，对方也会做出相应的让步。如此这般，皆大欢喜。

夸张地表达出你的赞同

/

赞同是对他人的肯定，而我们选择夸张地表达我们的赞同，
就等于将我们对对方的肯定程度增加了数倍。
普通的赞同，如一盘爽口小菜；而夸张的赞同，则如一桌满汉全席。

/

湖北总督张之洞和抚军谭继恂在一次宴会中因为长江的宽度问题争论不休，谭继恂说五里三，张之洞认为是七里三，两人各执己见，互不相让，一时席间气氛紧张，谁也不敢出来劝解。这时，江夏县的陈树屏说："水涨七里三，水落五里三，制台、中丞说得都对。"这个下属很夸张地表达了他对两位上级的赞同，妙极了！

那么，我们应该如何夸张地表达我们的赞同呢？

首先，要精心选择场合，对不同的对象，要选择不同的场合。一般来说，选择公共场合会有更好的效果。比如在开会过程中，有代表发言，然后就是各与会者针对之前的发言发表自己的意见，或者是其他的什么。"我赞成……""我觉得这点意见提得很对……"这些与会者的发言就是公开地、及时地表达自己的赞同，是夸张的赞同。

但是如果对方比较内向，心思很细腻，就可能对你的赞同有所猜

忌。这时，你就应当采取迂回的策略，通过别人的口或是其他方式让他知道你的态度是赞同，这样更容易让对方接受。

例如《红楼梦》中，贾宝玉对史湘云和薛宝钗劝他多交际、走上仕途很反感，他说："林姑娘从来没有说过这些混账话。要是她说这些话，我早和她生分了。"恰巧黛玉这时经过窗外，听到这些，她又惊又喜，又悲又叹。从此之后，黛玉和宝玉的感情更加深厚了。倘若这番话宝玉直接对林妹妹说，估计又要惹得她多疑了。

下面我们来看一下点头的技巧。有人可能会说："不就是点头吗？这个谁不会，我用主观意识控制自己点头就可以了。"如果你这样想，那就大错特错了。因为自我意识控制下的机械性点头是无法获得对方的信任的，也无法让对方说出他的真实想法，只有夸张的点头才有效果。

如何才是夸张的点头？这取决于点头的幅度和频率。你可以用镜子来检查自己点头的幅度和频率。点头幅度越大，动作就越夸张，讲话者也就越容易相信你。如果倾听者一边认真地倾听，一边不断点头，讲话者就会觉得自己得到了对方的肯定，说话时就不会有所隐瞒。

有研究显示，如果倾听者每隔一段时间就向说话者做出点头的动作（每次做这个动作时点头次数以三次为宜），就会激发说话者的表达欲望，而且能让对方对倾听者产生好感，而好感的表现就是说话者会比平时健谈三倍到四倍。

夸张的点头会让对方觉得你很赞同他的观点，但点头的频率至关重要，缓慢地点头对他人的吸引力更大。

除了上面谈到的以外，还可以通过其他肢体语言、神情或者有利的道具来表达自己的赞同，以此来突出夸张之意。如果要表达自己的赞同，可以采取摸下巴、鼓掌、微笑甚至是跳起来和拥抱等。这个也要视对象而定，对于不是很熟悉的人，不要有过于激烈的行为，以免过犹不及。

另外，还可以通过停顿来强调重点。停顿不是全部说话活动的停止，只是有声部分的暂停。停顿时，要求姿态、表情等态势语言充分发挥作用。常见的停顿，一是以"目"说话，从目光中流露赞许肯定之情。二是以"表情"说话，表情严肃中有坚定，停顿给了倾听者揣摩说话者潜台词的时间。

我们还可以通过重复对方的话来表示赞同。把对方说的话重复一遍，会使你的赞同听起来更诚恳。这里所说的重复对方的话，并不是指完完全全、毫无重点地复述，这样也会被对方认为你不尊重他，你是在敷衍他。

重复对方的话，最重要的是要做到简洁，使用对方说过的话中的几个要点。具体地说，就是你要从对方说的一段很长的话中判断哪些是关键语句。然后把你挑选出来的关键语句重复一遍。这样，你就能做到有重点并且简洁地重复对方的话。

话多不如话少，话少不如话好

/

拥有三寸不烂之舌固然是本事，

可是这项本事要是用错了地方，用错了方式，就好比在水泥地上种田，

在天花板上栽花，没人会觉得你多高明，只会笑你太愚笨。

/

与人交往，不得不懂得说话的艺术，如何说话，何时说话，在一定程度上决定着一个人的人脉如何。许多人本有博学才识，上知天文，下晓地理，但只是因为不谙人情世故，不能采用正确的方式，没有在正确的时候说话，即便说的是不可争辩的真理，即便是不可否认的事实，也会落得"孤家寡人"的下场。如此，就更不用谈人脉了。

东汉末年曹操帐下首席谋臣、杰出战略家荀彧就是因说话未能把握好分寸，最后落得自尽的下场。荀彧从小就被人认为有王佐之才，29岁在曹操帐下便与张良并为司马，为曹操出谋划策，屡荐人才。然而他过于聪明，总是能猜透曹操的心思。曹操因杀父之仇要讨伐徐州陶谦，荀彧在与曹操交谈中，却直言曹操名为报杀父之仇，实则想纳徐州为囊中之物。在曹操率大军到洛阳迎驾汉献帝时，荀彧又直言曹操名为护驾，实为挟天子以令诸侯。虽然这些话都是事实，但不应该当面说出。况且

曹操疑心过重，荀彧虽然有王佐之才，并且对曹操忠心耿耿，但在曹操眼里，他终会成为自己的心腹大患。于是在荀彧反对曹操改年号称帝的几年后，在曹操的暗示下自尽身亡。

其实，荀彧明白曹操的心思，但不必直言，一旦直言，定会引起曹操的疑心，从而对荀彧产生戒备。事情的发展正是沿着这个轨迹，才导致最后悲惨的下场。

在现实生活中也不乏这样的人，比如有时候我们会发现与那些博学的人交谈会感到身心疲惫，他们引经据典，滔滔不绝，即使说的只是一个寻常话题，也能引出大道理，并与别人针锋相对。如此偏执，怎能让人不生厌，更不用谈人缘了。

拥有敏捷的思维和清晰的表达能力固然重要，更重要的是如何表达、在何时表达。

对于不熟悉的话题，尽量不要发言，以免班门弄斧。即使是熟悉的话题，也要多听听别人的观点。切记就算是对于自己熟悉的东西，也不要像竹筒里倒豆子一样，说个没完没了，这样只会给别人留下不沉稳的印象。有时候，多言不如沉默，沉默是金，尤其是在注重中庸之道的中国，沉默便是沉稳的代名词。适时适当保持沉默，会让人觉得此人稳重，因此而交到好友也是常有的事。

面对不同的对象，说不同的话题。红顶商人胡雪岩能够显赫一时，成为一代豪商，正是因为深谙此道。如果不管遇到什么人都是大谈特谈自己的专业、自己的观点，那无非就等于给对方上了一个谈话的"紧箍咒"，给对方留下傲慢自大的印象，对方只会希望尽早离你而去。

如果是大家在一起讨论问题，多谈论一些大家都能谈论的话题吧，别只谈论自己。如果你认为别人正在谈论愚蠢至极的话题，那就不如做一个顺水人情，以沉默来表示你的附和就可以了。那些都是你不能改变的，即便你说出你自己认为对的观点，也未必会得到他人的认同。既然这样，你又何必要锋芒毕露地让大家难堪呢？

如果人微言轻，那就选择沉默吧。既然人微，就意味着资格还不够，正所谓"有多大肚量说多大的话"，既然还不够资格，就还是选择沉默的好。不然说了话，就会有争抢风头之嫌，有交恶之险。言轻，自然说了也不会被重视，既然不被重视，又何必还要冒着大不韪的风险斗胆献言呢？

获得人脉需要天时、地利、人和，套用在说话的技巧上，就是要在正确的时间、正确的地点说恰当的话，这样才能使人脉如常青之树。

一双灵敏的耳朵胜过十张能说会道的嘴

只顾自己滔滔不绝的人是绝对的自私鬼，是无疑的偏执狂，
这种人注定很难在职场中有大发展。
只有善于倾听者，才能换来他人的善意与诚心，而这终将促使你成功。

戴尔·卡耐基说过这样一句话："一个人拥有多么广的人脉，有多么成功，不是因为他拥有一张多么能说的嘴。恰恰相反，他的成功多是依靠他有一双善于聆听的耳朵。"聆听是人与人交往中必须注意的事情。

许多推销员因为话太多，只顾滔滔不绝地谈论产品，不给客户说话的机会，而失去了客户。许多人也因为话太多，致使一些朋友离自己而去。相反，善于聆听会得到更宽广的人脉。

刘长河作为一个基层法律服务人员，每天都穿梭于所在辖区的各个乡镇，为那里的人们化解纠纷。在他任职的三年里，调解成功率始终保持在90%以上，再次发生矛盾的比例几乎为零。他也因此连续三年被评为全市最优秀法律基层服务者。

他离职时，许多曾经得到过他帮助的人自发组织为他送行。他在任期间，收到的锦旗多达数十面。许多同行也前来取经，问他为何能够

在纠纷最多的区域，做到如此高的成功率，到底有什么秘诀。他微微一笑，说他每次去调解时，最重要的事情就是把矛盾双方叫到一起，而自己在一旁听他们讲述，最多偶尔在他们说话时讲几句公道话。到最后，双方把事情都说清楚了，问题自然也就解决了。前来取经的人都大为惊讶，与刘长河相反，他们中的大部分人都是在用自己的理论要求双方当事人如何去做。自己滔滔不绝，让别人听得云里雾里，当时似乎是解决了问题，可事后矛盾又产生了。到头来，还不如刘长河"以逸待劳"的方法有效。

人们常说"一双灵敏的耳朵胜过十张能说会道的嘴巴"，说的就是这个道理。倾听者为说话者提供了一个空间，这个空间可以让说话者陈述事实，讲述真情，同时，这个空间也代表了对说话者的尊重。无论是谈话，还是谈判，都是与人交往，聆听绝对不可或缺。

聆听的重要性已经不用再赘述，无论是一个成功的管理者，还是在职场中呼风唤雨的人物，都是善于聆听者。下面就教你一些聆听的技巧。

首先，不要打断他人的谈话。要做到聆听，就应该让人把话说完，无论自己对他的观点是反对，还是赞成，即便是想表示支持，也要等人把话说完。打断别人讲话不但是一种不礼貌的行为，还会让别人认为你傲慢自大、自以为是。

说话与聆听是不能同时进行的，既然这样，聆听时就应该把话语减到最少。给别人更多时间，更多空间，不要为了逞一时口舌之快而中断谈话，更不可让自己的语言阻塞了沟通的继续。即使是不赞同对方的观点，也要待对方讲完后再表达你的意见。同样，如果你赞同对方的观点，要时常点头，表现出你的赞许之情。

另外，表达善意、表现真诚也是聆听中不可忽视的一点。"世上无难事，只怕有心人"，我们不但要认真做事，还应该用心聆听。本来与人谈话就是一个交流的过程，如果不能用心，又如何知道对方的真实意图呢？又怎么与人沟通？那就更不要说与人结交了。只有表达善意，让对方觉得你是在真诚倾听，你重视他说的话。务必记住，重视是相互的，你重视别人的同时，也会换来别人对你的重视。

戴尔·卡耐基说过，不要和一个生物学家去谈卫星如何围绕地球旋转。只有找到彼此都能认可的话题，才有可能给对方说话的机会，也才能给自己一个倾听的机会。

最后，不要轻易地为谈话下结论。世上没有绝对的对与错，不要用自己的标准来判断是非，更不能把自己的想法强加于他人。有时候让彼此谈话的事情"悬而未决"会比"水落石出"效果好得多，并会因此带来更多的谈话与沟通。

懂得聆听的人才会获得真正的朋友，因为你在无意中分担了他的烦恼；懂得聆听才能更成功地沟通，了解对方真实的意思；倾听意味着你的沉稳与成熟，代表着你对他人的尊重，对人尊重，也必将获得尊重；拥有宽广的人脉，必须善于聆听。

多打问候电话，少打商业电话

问候，就像送上一杯暖暖的水，总能给人带来愉悦的感觉；
推销，就像吃鱼的时候卡了一根刺，总给人一种不舒服的感觉。
而我们要做的，就是把温暖传递给对方。

当今社会，各行各业都离不开推销，离不开和客户的联络。要想在事业上有所成就，就需要把握人脉这个巨大的资源。而要想保持并扩大人脉，跟客户沟通是重中之重。

沟通是需要技巧的。一次愉悦的沟通能让你很好地了解客户所需，快速给客户介绍适合的产品，进而为自己带来机遇。

梅吉在一家专卖婴儿纸尿裤的商店里做推销员，业绩非常好，总能超额完成任务。她在开拓新业务的同时，不忘与老客户联系。有些老客户觉得这个小姑娘服务好，还会介绍朋友买她的产品，这为她带来不少收益。

"您好，我是梅吉，能为您的小孩服务的梅吉。"这是她给新客户打电话时的经典开场白。

"你好，梅吉。"新客户有时会很冷淡。

但梅吉有办法，她会接着说："您的小孩晚上会哭闹甚至打扰您的睡眠吗？"

其实这是每一个有小孩的家庭都会出现的状况，这样说的目的只是声东击西，让客户愿意继续和你聊下去。要是客户一生气挂了电话，那就没生意可做了。谈到这个话题，妈妈一般都会大倒苦水，抱怨说："现在的孩子太难带了，大半夜的说哭就哭，也不知道怎么回事。"

"有可能是尿了。"梅吉把话题引了过来。

"这种情况还真不少呢。"妈妈附和道。

聊到这儿，就离产品销售不远了。这时，推销员可以发挥自己的好口才了。"现在市面上的纸尿裤好多吸水能力都挺差的，小孩子尿的量大了，纸尿裤吸不了那么多水，小屁屁就会不舒服，小孩子就要哭闹了。"

"我也注意过，宝宝的小屁屁有时候红红的。想必宝宝不舒服吧。"

"我知道××牌子出了一款超吸水的纸尿裤，特别适合小孩子晚上用。我这里有一些您可以拿去试用一下，希望您能有好的睡眠，也希望孩子在晚上睡得舒服点。"

有了前面的铺垫，就有了一个缓冲，再推销，客户会比较容易接受。再者，梅吉也是站在客户的角度考虑，话语里都是说着要帮客户解决问题，客户怎么会拒绝一个为自己解决问题的人呢？就这样，一笔订单完成了。

问候仿佛春风，拂面而过，给人留下了舒服的感觉。借助问候，我们可以拉近与客户之间的距离，从而获得更大的收益。

梅吉也很注意与老客户的联系，毕竟纸尿裤是易耗品，如果梅吉忽视与他们的联系，很有可能被其他牌子的纸尿裤推销员钻了空子，这是一个竞争非常激烈的行业。

"您好，我是您的老朋友梅吉，最近过得怎么样？"

"还好，就是带着孩子有些事情不方便。"

"有什么我可以帮忙的吗？"

"如果你有时间的话，那就太好了，听说附近新开了一家店，里面的衣服还不错，我早就想去看看了，可是宝宝……"

"乐意为您和宝宝效劳，我马上就到。"

故事进行到这儿并没有结束，那时梅吉还只是一名优秀的推销员。一位老主顾琳达有一天找到梅吉，问她有没有兴趣挑战一下自我，到一家新的公司、一个不同的岗位上试试。这位老主顾的老公是一名非常优秀的企业家，最近新开了一家公司，正急需人才，于是她向老公推荐了梅吉。

几年后，梅吉成了一家公司的老板。她人生的转折点就是那次跳槽，琳达和她的老公正是梅吉的伯乐。

从这个故事我们知道了，客户不仅仅是你推销产品的对象，更是你值得花时间和精力去经营的人脉，说不定哪位客户就是你的贵人。而要开拓客户、维系客户关系，重中之重就是多打问候电话，少打推销电话。你只要让客户知道你给他们解决了哪方面的困难，知道怎样找到你，不会忘记有你这样一个人就可以了。

朋友，你想像梅吉那样幸运地走向成功之路吗？那就从打问候电话开始吧！

少计较对方说什么，多注意自己说什么

/
话说得好，可以打动他人的心扉，给自己带来好运；
而说了不恰当、不合宜、不符合身份、不该说的话，那就是将自己丢进了噩梦。
如果一直这样下去，你的人生就难得轻松了。
/

人际交往中，最少不了的就是说话，要么对方说，要么自己说。人人都知道"祸从口出"，所以就很容易出现两个问题：要么对方说话不当，产生矛盾；要么自己说话不当，产生不好的结果。

对方想说什么，我们无法猜测，也无法控制，因为言论是对方的自由和权利。既然如此，索性就不要计较别人说什么、怎么说。

我们虽然无法控制别人说什么，但通过控制自己说话的方式，可以使结果更符合我们的意愿，更符合我们的利益。

话说得好，可以打动人心，可以为自己带来好运；而说了不恰当、不适宜、不符合身份、不该说的话，那就是将自己丢进了噩梦之中。

有的人本来跟客户相谈甚欢，突然一句话说漏了嘴，客户听到后脸色大变，结果就是到手的订单跑了，煮熟的鸭子飞了。有的人正与上司交流，本来很得上司厚爱，然而在上司精心安排的一次考察式交谈中，因为说不合时宜的话，突然令上司大感失望。有的人本来与爱人爱深情笃，相望两不厌，然而却因为话语不当，导致隔膜横生，两人有了抱怨，冷战月余，甚至因无法调和，最终分手。这些都是说话惹的祸。

如何使自己在人际交流中少犯错、少闯祸呢？只要遵守以下要点和原则，就能让我们的嘴里从此只出"福"不出"祸"。

第一，不要一味把"我"放在主导位置。

谈话时不要总拿"我"做开场白，这会让对方误以为你太自我。在一些场合中，碰到自己曾见过面但不是很熟的人时，不要问"你还记得我吗"。万一对方想不起来，他会觉得不好意思。最好的方法还是先自我介绍："你好，我是×××，真高兴又见面了。"这样做即使别人不认识你，也会从此记住你。

第二，滤除话语中不必要的杂质。

每个人都有口头禅，有时候一些口头禅容易引起别人的反感。例如"你懂我的意思吗""你清楚吗""基本上……""老实说……"，这些都是很糟的说法。当对方听到这些话时，可能会觉得你是在故意找碴儿。如果你不挑别人的话柄，也许对方会做出让步，如果你非要计较什么，别人也会以"计较"与你相对。

还有一些人说话时都习惯性地加上"啊"等语气助词，比如"就是说啊""当然啦"等，这样的话在私下说说倒无所谓，但是在正式场合，就会显得不够庄重。

第三，如果一定要否定对方，请放到交谈的最后。

交谈中，如果有人说："我不久前去过纽约，在那儿待了一个月。"你不要急迫地说："那你比我差远了，我在那儿待过一年。"尤其不要去纠正别人的错误。即使你真的懂得很多，发现错误时也不该打断对方的话。这会让人觉得你破坏了谈话的兴致，你很爱表现。正确的做法是一起分享旅行的感觉，事后再谈论自己的观点。

第四，不要不懂装懂，赢得信任最重要。

如果你对谈话的主题不了解，就坦白地说："这个问题我不是很清楚。"别人不会继续为难你，反而会觉得你很坦诚。反之，如果不懂还要装懂，更容易说错话，这样别人对你的信任度就会减小。

第五，公开场合少问为什么。

去参加活动时别总是问"你的公司是做什么的"。如果这项活动正好是对方公司举办的，那就尴尬了。或者你问对方"为什么""你为什么做这个决定""不对吧""应该是""果然没错"……如果彼此交情不够深，这会让对方感到不愉快，也会让对方认为你是在打探他的隐私，从而对你留下一个坏印象。

第六，委婉拒绝不失礼。

当别人向你推荐一些东西时，即使你不喜欢，也不要直接地说

"不"。如果一开始就拒绝，势必会消减对方的热情，你可能不会再被邀请。如果是在用餐时，主人请你品尝一道你并不喜欢的菜肴，你可以委婉地说："对不起，请允许我拒绝你的好意，我忌口。"如果吃饱了，可以说："这些食物实在是太美味了，真想把它们都装进肚子里带走，可是我实在是已经饱了。"这会让主人感受到你是真心喜欢并感谢他们准备的食物。

只需换一种说话方式，就会给对方带来愉快，还能为自己的形象加分，哪有比这更简单的使自己更具魅力的方法呢？

第九章

成为沟通高手

在人际交往中，沟通高手总能成功掌握对方心理，在心理上占上风，在谈话过程中也始终处于主导地位。相反，无法掌握他人的心理变化，甚至被他人控制，就只能被对方牵着鼻子走。这就是高手和普通人的区别。

故意说错话，把说真话的机会留给对方

/

每个人都怕说错话，但是我要告诉你，
在某些情况下，我们务必"出错"，故意念错字，或者用错词语，
这样反而会产生意想不到的效果，使你的谈话更具魅力。

/

研究发现，如果你在交谈中故意说错话，而把说真话的机会留给对方，不仅能帮助对方减轻压力，还能让谈话气氛变得更轻松和愉悦。

张原是一个心直口快的人，往往得罪了别人，自己都没有发觉。后来，一个很要好的朋友兼同事对他说："最近听有的同事跟我说，觉得你特别骄傲自大，而且自以为是，这到底怎么回事啊？"

听到这里，张原感到丈二和尚摸不到头脑，说："不知道啊，你还不知道我啊，我就是心直口快了些而已。有时候和他们聊天的时候听他们说错了什么，我就去纠正。"

朋友听到这里，对他说："其实有时候，你不要在同事面前表现得什么都知道，那样会让人反感的，其实别人也知道是怎么回事，但你抢先说了出来，会让人心里不舒服，觉得你在炫耀。下次你不妨装装傻，故意说错点什么，把说真话的机会让给别人，这样反而会让谈

话更轻松点。"

张原听到这些话，觉得非常有道理，下次再和同事聊天的时候，他也学会了故意说错话。

有时候为了达到一定的目的，而你又不知道该如何去引起话头的时候，不妨诱导别人把真话说出来，而最有效的一个办法就是自己故意说错话。

爱情中，每个人都会或多或少地说些谎话来掩盖真相，或者是掩盖内心的想法，当然，这并非一定出于恶意，每个人都有自己的小秘密。同样，很多时候，人们会采取一些方法来诱导伴侣说出真话，从而了解真相。

男人一般都有很强烈的自尊心，面对着外面的花花草草，有些女人心里或多或少会有顾虑和担忧。当男人晚归或者外出的时候，女人既不想让男人觉得自己在干涉他的行为，又想知道他到底都去了哪里，都做了什么。这时，女人会用类似"说错话"的方法来让男人"坦白"。

"今天回来有点晚啊，又堵车了吧。"

"不是，今天加了会儿班，有些工作没完成。"

"明天你又没时间啊，你们公司也真是的，老是让加班！"

"不是加班，明天我得去帮老板买机票，还要预订酒店，他最近要出差了。"

"你们公司新来的那个同事，叫玛丽的女孩挺漂亮的啊。"

"不是啊，她是小张的女朋友，最近刚从国外回来。"

很多时候，用故意说错话的方式来诱导对方把真实的情况告诉你，不仅能满足你对真相的好奇，还能让对方觉得自己只是纠正了你的"错误"，而不是不小心把什么消息说漏了嘴。所以说，必要的时候装装傻，效果还是很不错的。

利用地理优势，营造让对方吐露真话的氛围

险要的地理环境可以"一夫当关，万夫莫开"，

而在交谈中，如果我们能营造这么一种良好的地理优势，

那么在交谈的对弈战中，也可以做到"一夫当关，万夫莫开"。

我们常常希望能够从对方嘴里听到一些真话，当然，如果你采取直接强硬的方法，不仅不会得到你想要的，反而会提高别人的防备心理。这个时候，不妨好好利用地理优势，来营造一个让对方吐露真话的氛围。

在商务交往中，很多公司都会尽量要求邀请公司来自己的公司或者自己的国家或城市进行洽谈，目的就是以一种东道主的身份来营造有利于自己的谈判气氛，给对方施加无形的压力，既能让对方说出真实的情况，又能尽量压低对方的条件。

比如，你邀请对方到你公司所在城市进行商务会谈，地点、饮食、娱乐等方面当然都是你做主。在开始交谈的时候，不妨这样开头："今天能邀请贵公司代表来到这里真的非常荣幸，作为东道主，我们会尽全力让您感受到我们的真诚和热情。您有任何要求，我们会尽全力满足，

请一定不要客气。听说贵公司目前业务做得非常好，是打算和××公司进行合作吧。"当你这样说的时候，既显得热情而有礼貌，还给对方施加了某种心理压力，认为是来到了你的"地盘"，一切都需要听从你的安排，包括要说真话。

有的人曾有这样的经历，知道朋友有些事情隐瞒了自己，甚至曾欺骗自己，为了既能让朋友保住面子，又能知道真相，会采用一些特殊的方法来达到这个目的。

比如约朋友一起去爬山，去咖啡厅喝咖啡，去一些比较安静的地方吃饭，等等。这些地方往往能营造出一种轻松的气氛，让人的心情得到放松，压力得到缓解。在这样的环境下，和对方谈心，不仅能够让对方释然，还能让他如实说出他遇到的一些难处，或者坦白一些事情。这时候，不妨用这样的话引出话题："最近你好像有点心神不宁的，有什么麻烦事不妨和我说说，咱们这么多年的好朋友了，有什么困难我都会尽力帮你的""我们都认识这么多年了，我是什么样的人你也应该知道，有什么事不用瞒我，只要我能做到，我一定会想办法帮你的"。

在这样的环境下，朋友听到你的这样一番话，他的心理压力自然而然就减轻了，你要想得到真相也就更容易了。所以说利用地理优势，用自己的真诚让对方说出心里话，这难道不是一个很好的方式吗？

张律是一家公司的广告设计师，他的构思总是出人意料，既能突出公司的企业文化和形象，创意也非常独特，因此在业界小有名气。后来一家竞争对手公司想把他挖过去，并且提出了丰厚的条件，不仅收入翻倍，待遇也非常优厚。面对这样的诱惑，张律也非常犹豫。张律现在所在的这家公司刚成立的时候，他就在这里，和公司一起经历了风风雨雨，才取得了今天这样的成绩。可对手公司给出的待遇实在太优厚了，让人很难不动心。因此，最近在工作的时候，张律经常魂不守舍。

精明的董事长当然看出了张律最近的异常，于是找了个机会把他约到附近的一家咖啡厅里坐坐。

优雅的环境和香浓的咖啡让张律的心情得到了很大的放松，两人像老朋友一样谈心。董事长的亲切和关注也让张律非常感动，于是他把最近发生的事告诉了董事长。听完了张律的话，董事长说："其实听到这个消息我并不惊讶，你的实力是大家有目共睹的，你能和我说实话，这让我非常开心，不管你怎么选择，只要对你将来的发展是有利的，我都不会反对。当然，如果可能的话，我非常希望能留住你，公司一直打算送几个有潜力的员工出国学习，我一直觉得你是一个很好的人选。如果你愿意去，那就最好不过了。"张律听到这里，感动和心动之余，欣然答应。

如果董事长把张律叫到自己的办公室问话，在这种严肃的环境下，只会加重张律的心理压力，使他更加不愿意说出实际情况。所以说，挑选合适的谈话地点，利用地理优势来引导对方说出真话，是一个非常有效的手段。当然，不同的地方会起到不同的效果，要根据具体情况来选择地点。

向对方吐露秘密或重要信息，与之平等互换

/

没有牺牲就没有获得，想得到什么，就必须付出同等的代价。

有的时候，我们唯有通过平等交换彼此心里的秘密，才能了解他人的真实意图。

这就是人际交往中的等价交换原则。

/

　　动漫作品《钢之炼金术师》开始时就说："没有牺牲就没有获得，想得到什么，就必须付出同等的代价，这就是炼金术中的等价交换原则。"

　　从说话艺术的角度来看，我们不妨把这个法则理解为：如果你想从对方口中得到什么秘密或重要信息，首先自己就要先向对方吐露一些个人秘密，作为等价交换。

　　很多人往往只想从别人口中套出自己急于知道的秘密，而全然不顾对方的感受，于是就出现了这样的情景：一方不断追问，一方频频逃避。最后，不仅使谈话陷入尴尬的境地，自己也没有得到需要的信息，更令对方生出戒备之心。生活中，这样的例子并不少见。例如，有人常这样对人说："你就告诉我吧，我真的很想知道""你的工资涨了多少？说说呗""你跟那个新来的助理关系好像很近嘛，你们是不是正交

往呢""你就别瞒我了，说实话，你是不是正准备跳槽呢"……

当对方听到这样的话，会对你心生好感吗？不会，他们只会觉得自己的隐私被侵犯了，不仅不会告诉你实情，也许还会说些谎话来搪塞你。

当然，如果你想分享对方的成功经验，了解他的成功秘诀，那么不妨先大方地和对方谈谈你在过去工作中的经验和教训。

张聃是一家广告公司的营销人员，由于最近市场不景气，因此在做业务的时候遇到了很多难题和挫折，不仅业绩没有增加，反而给自己增添了很多的压力。一个偶然的机会，他认识了同样也在广告公司工作的孙政。在谈话中，他发现孙政所在的公司是一家在业界非常著名的广告公司，虽然这段时间公司的业务没有以前那么好，但还是获得了很大的利润，因此张聃决定向他取经。张聃开始和孙政谈自己以前在工作中取得的一些成绩和积累的经验、教训，以及目前在工作中遇到的一些麻烦。当孙政听完这些的时候，也打开了话匣子，和他分享了很多提高业绩的方法，甚至给张聃讲了一些公司中成功营销人员的事例。这使张聃深受启发，并将学到的方法用在了自己的工作中，最终自己的业绩也有所提高。此后，两人成了非常要好的朋友，经常交换心得，分享经验。

很多心理学家认为，这种类似于等价交换的互相交换秘密和信息的行为，是基于一种心理暗示。既然我愿意向你透露一些我的个人隐私，那么你就有必要说出一些秘密或者重要信息作为回报。当然，并不是任何情况下，这种等价交换都是成立的，比如说在泄露国家机密上，这不仅关乎国家利益，还是违反国家法律的。

当你想探听一些有价值的信息时，不妨主动和对方说一些自己的情况，或者以自己最近获知的一些有价值的信息作为开头，让对方分享一些东西。比如你可以这样说："我最近总是头疼，还经常失眠，听说××医院看这个病挺好的，也不知道是不是真的。""我的一个朋友也是和你一个症状，他去那家医院看过，根本不行，那里好多大夫年纪轻，没什么经验，不如去××军区医院，那里的老军医经验丰富，而且下药很准。""我觉得这个研讨会真是没什么意思，现在好多专家都没什么真才实学。听我的一个朋友说，现在好多地方就为了让别人来听课，让某些人冒充专家骗钱。""是啊，我以前经常参加××协会举办的研讨会，那里的专家讲课非常不错，而且能学到很多东西，还可以和专家交流，你可以去那里看看。"

很多时候，当你敞开心扉的时候，别人也会被你感染，也逐渐敞开心扉，这样交流起来就更轻松愉快了。

让对方从第三者的角度发表评论

/

给对方一个第三者的身份，既能让对方畅所欲言，又给了对方一个退路、一个台阶。

不管对方怎么说，说得对，还是错，对他自身都没有任何不利影响。

这是一种非常奇妙的方法。

/

不管是和朋友，还是和同事交谈的时候，对于某些敏感问题，对方都会采取回避的态度，不会从正面回答我们的问题，有时候甚至转移话题。如果你能换种说话方式，降低对方的自我保护意识，那么就能了解对方的真实想法。《三十六计》中的第十六计是"欲擒故纵"，讲的是对于拼命抵抗的敌人，不如暂时退一步，使敌人放松警惕，斗志松懈，然后再伺机而动，降伏或歼灭敌人。在现代社会，我们也可以用欲擒故纵的方法让对方坦诚地说出自己的真实想法，让对方觉得自己是一个局外人，也就是"第三者"，不用担心自己的某些意见或者想法会引来别人的耻笑或者拒绝，也就是降低对方的自我保护意识。

如果是在公司内部，不妨用这样的话引出同事的真实想法。"我们这个组这次业务做得都不太好，不知道别的小组都是怎么提高业绩的""我觉得公司做的这个决策实在是有点脱离实际情况，根本不大可能实行，别的公司不知道会不会采取类似的办法，其他人是不是也这么认为""我觉得我现在干的工作不太适合我，也不知道公司里的其他人是不是也和我有同样的想法"……

当你想询问朋友对于某件事情的意见和想法时，不妨也采取这种欲擒故纵的方法，如"最近我投资了一些股票，听说现在股票市场已经慢慢转好了，朋友们对于我炒股都是怎么看的""现在有很多健康讲座，我很想去听听，积累一点养生的知识，不知道有没有谁去听过类似的讲座，正好给我提点建议"……当朋友听到这样的问题的时候，不会觉得和自己有很直接的关系，在回答你的问题的时候，可能会加进去一些自己的想法和意见。这样，你就能了解他的真实想法了。

还有就是在谈判的时候，如果你直接询问谈判对象是否同意你提出的要求，那么对方也许会不知所措，并且还会感到非常不安。如果你换个说法呢？"贵公司对于我们提出的要求是什么态度呢""对于我们的报价，您的上司怎么看""交货的时间和地点，贵公司有没有什么特别的要求"……这样说，对方只会觉得自己是在代表公司提出要求和表达看法，在回答的时候，就会说出他内心的真实想法和要求。

所以说，很多时候让对方从"第三者"的角度来回答问题，就能有效地减轻对方的心理压力，从而探知他的真实想法。

让对方惧怕你，这很有必要

有时候，我们需要让自己看起来非常强势，这样可以使对方感觉有很大压力。
而那些看起来不怎么强势的人，则很容易臣服于如此"强大"的我们。
这一招很管用！

斯大林是苏联重要的领导人之一，也是著名的国际共产主义运动活动家，他对20世纪的苏联和世界产生了深远的影响。

斯大林在外交谈判中的强势地位，在战时外交上体现了出来。众所周知，斯大林在第二次世界大战后期与美国、英国进行的谈判，是以同美国总统罗斯福相比肩的强势地位出现的。丘吉尔在谈到当时谈判的情况时说："一边是美国狮，一边是俄国熊，唯有我夹在中间，像个瘦弱的小毛驴。"

正是这些外交谈判使苏联版图大增，也借战胜国之势跻身当时世界超级强国的行列。斯大林在第二次世界大战后期以强国姿态展现出的领袖风范，成了如今俄罗斯人重温大国旧梦的最美好的回忆。

这个实例很好地诠释了让对方产生惧怕心理在外交谈判中起到的重要作用。当然，在日常生活中，某些特定的情况下，也可以用类似的方法。

有时候，我们需要表现得非常强势，甚至有点目空一切的感觉，这样对方就会觉得"千万不能在这样的人面前耍小聪明""如果欺骗他的话，肯定会有很严重的后果""如果背着他做什么，到最后肯定会被发现"。如果对方有这样的心理，那么他就会对你吐露真实情况。可见在必要时施加压力，也是迫使对方说出心里话的一个有效手段。

商业谈判中，如果我方公司派出的谈判代表是一个亲切的年轻人，那么他给对方的感觉就是"这个人一看就不能做出最后决定，跟他没有什么可谈的""看他的年纪也就三十出头，肯定没有多少经验，到时候就任由我们提要求了"……一旦给对方公司留下这样的印象的话，在谈判的过程中就很容易让对方公司占据优势地位，他们会提出很多过分的要求。我方陷入被动，就会影响公司业务的发展。

如果我方公司派出的是一个看起来老谋深算，并且表情和说话方式都非常严肃的人参与谈判，那么对方公司就会认为我方公司派出了一名元老级人物。这在无形中就给对方公司施加了一些压力，对于我方提出的条件，他们会再三考虑，并且不会提出太过分的要求。这个时候，不妨采用这样的说话方式："对于贵公司的要求，我们实在没有办法答应，如果您同意把价钱再压低一点，那么还有回旋的可能，否则我也无能为力了。"

一项心理研究发现，越是满面笑容、言语客气的人，越容易让人觉得可以得寸进尺。比如说你打算去超市退换刚买的一件商品，你说话过于温柔客气，那么有的超市服务人员就会觉得你是一个很容易打发的人，即使可以给你退换，他也会拒绝你。例如："您看这个东西我刚买回去没多久就坏了，我知道你们很忙，但是我真的着急要用，您就帮我换了吧""刚才我买东西的时候没发现这里面有个坏的，麻烦你给我换一袋，行吗"……如果你表情严肃，语气强硬，并且带有明显的指责口吻，无形中就给服务人员施加了压力，让他产生某种惧怕心理，从而满足你的要求。比如说："你们超市怎么回事啊，这个东西我刚买回去没两天就坏了，质量都不能保证，你们还开什么超市啊，我们老百姓就能随便坑吗？把你们经理找来，我看这事怎么解决"……

从某种意义上说，很多领导者都抓住了下属的这种心理，因而不管是在开会，还是在谈话的时候，都会展现出某种威严，从而让下属不敢懈怠自己的工作，不仅会尽全力用最快的速度完成任务，还能保证工作质量。有时候领导一句话就能产生很大的震慑作用，比如"这次的工作必须在两天内完成，如果完不成，就扣奖金""这次开会我发现有的员工有点心不在焉，抱着这种工作态度你怎么能干好工作？下次再让我发现，就直接记录到绩效考核上去"……

所以说，有时候让对方惧怕你，也能帮助你达到目的。

通过一对一的谈话使对方感觉心里没底

人多力量大，所以当对方是很多人一起同你交涉、谈判时，对方会显得自信满满。
而当我们将对方置于一对一的谈判环境中时，对方就可能会惊慌失措，
露出一副孤立无助的样子。这便是孤立战术。

很多人都有这样的经历，在工作中突然被领导叫去办公室单独谈话，这个时候，你往往会产生紧张情绪，即便在进入领导办公室之前准备好了说辞，但是在坐下的那一刻，还是会感到不知所措。很多领导都会采取这种方式来给员工施加心理压力，从而让对方感觉心里没底，迫使对方说出实情，这也是一种心理战术。

杰克是一家汽车公司的销售经理，凭着多年的经验，他对于如何和下属沟通有着一套独特的方法。最近他发现部门里流传着一些谣言，说公司正在准备大裁员，那些业绩不好的员工都要被迫离职。当听到这个传言的时候，销售部门员工人人自危，士气低下，不仅业务越做越差，客户的满意程度也在不断降低，投诉电话越来越多。这些现状让杰克忧心忡忡，他心想要解决这个问题，首先要查出谁是制造谣言的罪魁祸首，因此他决定和员工一一谈话，从而获得真相。

　　在谈话的一开始，杰克都会聊些有关最近工作的问题。"最近是不是压力很大，现在汽车的销售行情确实不太好，如果工作上遇到了什么问题，一定要及时告诉我，这样我才能帮助你解决问题，是吧？我能看得出来，这段时间你工作非常努力，就算业绩没有提高，也不要给自己太大的心理压力，因为公司最看重的是员工对待工作的态度和积极向上的心态。对于努力工作的人，公司都是会重点培养的。"有的员工听到杰克的这番话，往往都会放松一些。杰克看到员工不像刚才那么紧张和拘谨了，接着又说："最近咱们公司一直有谣言说要大裁员，我相信肯定不是你传的，这对公司影响非常大，员工都人心惶惶的。这种荒诞的谣言产生的恶劣影响我们必须尽快消除，否则将影响到公司的利益，你们的业绩也会受到直接影响。一直持续下去的话，我想公司就不得不真的采取大裁员的方式了。如果你知道和这件事相关的情况，不妨告诉我，这不仅是在维护公司的利益，也是体现你对公司忠诚的时候了。"

　　在一对一的谈话方式下，员工听到这些话，既容易放松，又容易紧张。杰克正是利用了员工的这种心理状态来"迫使"员工说真话，最终得到了他想知道的答案。试问，如果杰克把部门员工都召集起来，采取开会的方式，那么他是无论如何也了解不到真相的。因为你给了他们交流的机会，他们会更加坚定地认为传言是真的。而采取一对一的对话方式时，下属面前只有自己的领导，没有同事，从而会产生一种被"孤立"的感觉。杰克既让员工知道了谣言的荒诞和虚假，以及公司对于员工的重视，同时还给他们施加了一定的心理压力，告诉他们如果不说出真相，那么后果对他们无疑是不利的。

在商务谈判中，有的公司喜欢采取一对一的谈判方式来"迫使"对方接受自己提出的条件，目的是不给对方和其他人商量的机会，实施步步紧逼，从而达到自己的目的。很多时候，谈判的成功都取决于你是否能抓住对方的心理，利用他的某些弱势，从而打败对方。比如当你在谈判的时候发现对方公司在谈任何问题的时候，都采取先商谈再得出结果的方式，那么不妨在下次谈判的时候，要求对方与你采取一对一的谈判方式，让对方觉得"孤立无援"。当你提出一些条件的时候，对方明明知道如果答应你，肯定会影响公司的利益，但是他又不能和同事商量，这个时候，你无疑已经占了上风，这时就可以步步紧逼，让对方心里没底，从而达到你的目的。比如你可以这样说："不知道贵公司有没有关注目前的行情，在现在的经济形势下，产品成本在逐渐上涨，我公司觉得当初订立的成交价格根本无法满足当前的要求，因此我公司决定要求贵公司在原先订立的价格基础上增加20%。我们两家公司已经愉快合作这么长时间了，相信你们是不会拒绝我们的合理条件的。"

其实很多时候，我们希望和别人一对一地交谈，不光是为了让对方说出真心话，或者是"迫使"对方答应自己的某些条件，同时也是为了能够和对方有更进一步的交流，给对方营造某种"被孤立"的气氛，让你更容易得到你想要的。

第十章

心理操纵：让对方没法说『不』

"不战而屈人之兵"是战争的最高境界，也是交际战中的最高境界。我们只需恰当地运用一些心理方法，无须费一兵一卒、一枪一炮，便可令对方臣服于你。还有比这更划算的事情吗？

转移法：控制交谈的方向

/

谈判如拔河，"绳子"滑去的方向决定了谁为胜方。

如果绳子开始滑向对方，可就大事不妙了。

这个时候，不如话锋一转，重新开局，谁输谁赢，再见分晓。

/

谈话转移的方式有两种类型，一是随意转换，交谈者谈兴所至，话题自然转移；二是有意转换，交谈者为了控制交谈方向，以一定的方法主动更换话题。我们在交流时难免会遇到这样的情况，对方和你说起题外话，反而把正题忘在脑后了，你们的交流变成了他的演讲；或者是聊着聊着就跑题了，而对方还没有察觉；或者对方的话题你很不感兴趣。这时不能听之任之，应该采取措施来将你们的话题拉回正轨。转移法就可以控制交流的方向。

孟子对齐宣王说："有一个人把他的妻子和儿女托付给朋友，自己去了楚国游学。等到他学成回来后，却发现他的朋友辜负了他的嘱托，他的妻子、儿女都在受冻挨饿。面对这样的朋友，他该怎么办？"齐宣王说："和他绝交。"孟子又问："假如司法官不能管理他的下属，那应该怎么办？"齐宣王说："罢免他。"孟子接着问："一个国家没有治理好，那应该怎么办？"齐宣王回头看看左右大臣，然后开始谈论别的事情。

成语"顾左右而言他"就出自《孟子·梁惠王下》中的这则故事。齐宣王可以说是一位转移话题的高手，当他听到孟子说到了他不想回答的话题，就转而和别人讨论其他话题了，连谈话对象都转移了。

一般来说，我们只需要转移话题就可以了。下面有一些方法可以让你顺利转移话题。

第一，顺杆爬。谈话总是要围绕某一个中心内容来谈，如果你对此不感兴趣，或不想多谈，你可采用顺杆爬的方法转移话题。比如对方在谈论某个人的是非，可你不想谈，那么你可先听对方说，然后顺着说些相关的事。相关的事可以是自己的事，说话人的事，也可以是近来发生在身边的趣事。

两位太太谈论都在四年级读书的孩子，张太太的儿子成绩不错，数学非常好，语文也还不错。李太太的女儿数学不是很好，但语文非常好。张太太谈起自己儿子数学的成绩滔滔不绝，李太太接话道："你儿子数学成绩好，是个很聪明的孩子，语文应该也不错吧……"张太太就顺着说起语文来了。

第二，巧转视线。谈话中，眼睛看向窗外，表现出对外面的天气或景物的关注，评论天气的好坏，气候的变化；谈话中，把视线集中在对方的穿着打扮上，夸她的服装有档次、有品位，夸她的肤色好，向她讨教护肤的方法、如何购买化妆品等。又比如当小孩子吵着要玩具，大人不知怎么办时，可以突然指着天空说："快看飞碟。"这样就可以转移孩子的注意力。有人把这个称为"对话中的飞碟战法"，这也是一种十分符合心理学的高明手法。

第三，先声夺人。未等对方完全展开话题之前，你就另起一个话题，然后天南地北地说起来，还要不时询问对方的看法，让他发表高见，并向他讨教解决问题的方法，让他为自己指点迷津，态度极为诚恳，不给对方跑题的机会。当然，在一开始谈话时，就必须想方设法抓住对方的注意力。

第四，指东言西。对方说西，你就说东；对方说人，你就说事；对方谈工作，你就谈家事，装作没有领会对方的谈话意图，来个云山雾罩。你的指东言西让对方无奈，这样就可以控制对话的方向了。

利用转移法可以帮助我们很好地转移话题，控制话题方向，而且不会破坏双方交流的和谐气氛。

进入正题前，引导对方多说"是"

如果我们能得到他人越多的"是"，我们就越能为自己的意见争取主动权。
事实证明，这种"获得肯定回答"的交谈艺术，是人际交往中极为聪明的方法。

在与人交流时，不要以与对方意见不一致的问题作为谈话的开始，而要以双方都持相同意见的事起话头，并不断强调你们是为了相同的目标而努力，只是所采取的方式不同罢了。总之，要让对方在一开始的时候就说"是"。

这其实是应用了惯性法则。你如果一开始就让对方说"是"，那么很容易将对方导入肯定的方向。

一位妈妈带着孩子逛超市，来到卖尿布的货架前。某品牌尿布促销员走过来打招呼："您好，要给宝宝买尿布？"妈妈回答是。促销员看着孩子说："宝宝快一岁了吧。"妈妈说："是啊，就快一岁了。"促销员进一步深入活题，"那是不是现在只是有时晚上和白天活动较多时用？"妈妈回答："对啊，用得不多了。出门时用是做预防，不怕一万，就怕万一。"促销员赶紧接道："那就是迷你型的最好了，关键是不要让宝宝觉得有负担。"妈妈说："是啊，就怕他觉得累赘。"促销员拿起一片她促销的品牌尿布说："您看这款新推出的，宝宝现在用正合适。"妈妈接过来看了看，说："让宝宝试试吧。"在促销员的逐步"诱导"下，妈妈一直说"是"，这拉近了两人的关系，促销员还得知了妈妈的想法，把尿布轻松地推销了出去。看吧，运用惯性法则并不是很玄妙的事情。

双方见面后，一般不会直奔主题，而是先进行一段闲谈来缓和气氛，使双方增进了解。我们应该利用这段时间来实施惯性法则，为交流成功助力。那么，我们应该聊什么，怎么聊呢？

首先，你们可以聊对方感兴趣的话题，如果这个话题你以前从未涉猎，要尽快使自己了解。曾经拜访过美国总统罗斯福的人，都感叹他学识渊博。无论你是牛仔、政治家，还是体育明星，他都能和你侃侃而谈，而且话题绝对是你感兴趣的。其实这是因为罗斯福在得知对方的特殊爱好后，都会先研读这方面的资料。

你说到了对方感兴趣的话题后，接下来就主要以倾听和表示同意为主了。对方说话的时候，你可以适当发表自己的观点，但是都要是让对方说"是"的观点。同时，你还可以通过这样的闲谈了解对方，要知道一个人的爱好可以反映出很多问题。

这样做的目的，就是为了在和对方谈正事之前，能够奠定一个和谐的谈话基础。从聊对方感兴趣的话题开始，再顺利引入正题。有如此好的开始，你们的交流还会充满坎坷吗？

其次，你们的"热身运动"也可以是一些不是太重要的问题。在引出要谈的主题之前，可以谈一些无关紧要的话题。这些话题是双方都认同的，可以是双方已经谈过的达成一致的意见，也可以是双方要达到的共同目标。这样可以使对方说"是"，创造和谐的开场气氛。

再次，可以谈你们上次谈话的总结，这样虽然感觉有些保守刻板，但这是一个屡试不爽的办法。如果之前达成了很多意见，可以逐条罗列出来，进行归纳总结。这样做，会给大家一个积极的暗示：我们的相同点是很多的，我们的去异求同工作做得很好，接下来谈的问题也会很容易达成一致。有了这么多的话题选择，使用时应该根据实际情况来区别对待。如果对方和我们才刚刚开始交流，之前并不认识，这时就要采取保守的方法，即谈上次的总结，谈双方的客观环境和共同点。如果双方有些交流基础了，就要谈些对方感兴趣的话题，不然会让对方觉得你是个不懂变通的工作狂。

运用惯性法则，让对方说"是"，是为了让主题讨论进行得顺利。其实在进行主题讨论过程中，也可以用到惯性法则。例如，要从易于解决的问题谈起，而不是从极易引起争端的问题开始；如果讨论事物的两个方面，要从对方易于接受的那方面谈起；把说话的重点放在相似点上，而不是存在分歧的地方；等等。这些方法都可以帮助双方尽快达成一致意见。

预先告知话题，掌控对方注意力

"千呼万唤始出来，犹抱琵琶半遮面"让听者对即将出场的歌伎的表演充满了兴趣。

听者明白接下来将听到的不是普通的音乐，

所以即便眼下有些许小阻碍，也难以减少他们的兴趣。

在人际交谈中，也有这样的技巧，那就是预先告知话题。

心理学家指出，人的注意力只能持续集中25分钟。如果超出了这个时间，那么对方注意力肯定会分散。表面上看，对方仍在听你讲述，其实已经开始东张西望了。那么毋庸置疑，你们的交流失败了。如何才能避免这种无果的沟通，让对方集中注意力在自己的谈话上呢？预先告知对方话题可以解决这个问题。

看新闻节目的时候你会发现，在插播广告之前，往往会预告下一节的相关内容。如果该内容正好是我们关心的，我们自然不会转台。如果没有这样的预告，在看完这段新闻而出现广告之后，我们就会觉得"已经够了"，也许就会关掉电视或者转台。这个下节预告其实就起到了"吊胃口"的作用，让你对它弃之不舍，继续看下去。

在交流中如何通过预先告知对方话题，来掌控对方的注意力呢？

第一，在交流之初就告知对方话题，以引起对方的兴趣。

据心理学家分析，说话者能够让人们集中精力去听的因素可以分为三种：说话的内容、说话的人和说话方式。我们可以决定的就是这些。我们选取什么样的内容才能引起对方的注意力呢？兴趣或利益。

兴趣和利益是人做事的前提，当然也是谈话双方得以交流的前提。要让别人在你讲话时集中注意力听，并且还要花很长时间去听，这是一件很困难的事。所以，我们在谈话之初就应该告诉对方：你听我说话，和我交流，你会得到什么样的好处。

一旦你的话涉及对方的利益，并且事先就告诉了他，那么他肯定会对你的话感兴趣，并从头听到尾。

第二，让对方知道：在这次的交流中，我是这样的身份。

凡是听过演讲的人都知道，在演讲之前，主持人会很郑重地向听众介绍演讲者的身份，是什么学历，有什么成就，写过什么书，做过什么事……他说这些的目的就是告诉大家，这次的演讲者是个大腕儿，演讲内容肯定丰富，绝对不会空洞无物，大家这次要好好听。而演讲者也会在演讲开始就展现出知识的渊博，不仅在观众感兴趣的话题上旁征博引、妙语连珠，而且对整个主题有深刻而独特的见解，这样就更让听众觉得这次的演讲真的值得好好听。于是接下来，大家的注意力就被牢牢吸引住了。

第三，要选择合适的方式告知对方话题。

要预先告知对方话题，采取什么方式最好呢？平平常常的方式同样会让很多人没兴趣，这时就要考虑说话的方式了。一些人将自己的某些特质展现给对方时，往往会让对方招架不住，缴械投降。

热情、大方的话语能让对方感到自在，没有拘束，会在无形中拉近双方的距离，使对方感到放松，并且也乐于直接坦诚地表达自己的意见；风趣幽默、想象力丰富的话语会给对方带来欢乐，同时使对方对接下来的交流充满想象和期待；具有极强逻辑的语言会让对方折服于你思维的敏捷清晰；旁征博引、博闻强识的谈话内容会让对方觉得你的准备工作做得很充分，你是一个文采斐然的人。这些方式都各有特色，要针对具体的情形和对象使用。

很多人都喜爱听单田芳的评书，喜欢他是因为他独特的嗓音，他惟妙惟肖的表演，更是因为他在每期结束时都会精心结下一个"扣儿"，欲知后事如何，请听下回分解。让听众心中总是充满期盼和幻想，究竟接下来会是怎么样呢？结果自然就是被吸引着关注后续的故事。

我们在预先告知对方话题时，如果也能像说书艺人这样别出心裁，那么在交流中要抓住对方的注意力，也就轻而易举了。

引导法：一步步朝着理想的成交方向努力

如果把人与人之间的交谈比作一条河流，那么我们的引导就如河道。

引导得法，河水就能在最短的时间内流向目的地；

引导失利，那么即便是付出了建三峡水电站的工作量，也可能完成不了铺一条木桥的任务。

交流中，谈话双方的目标各不相同，让各自目标达到的谈话过程，就是双方采用引导方式进行的角力对决过程。如何在这个对决过程中取胜，从而达到自己的目标呢？

小区门口有两个卖牛肉面的小摊，刚开始看起来两家客流大致相当，但是半年后，情况发生了变化，两家面摊最终只剩下一家。其实两家做的面的口味差不多，只是其中一家面摊的老板娘很会说话。有顾客来，她会问"要大碗的吧"，而不是"要大碗还是小碗"。她还会问"加一个卤蛋还是两个呢"，而不是"加卤蛋吗"。这样比拼下来，这家面摊就凭着这一个个卤蛋和大碗面，把另一家面摊挤走，成了赢家。

在这个小故事中，老板娘就是利用引导的方法来使食客在她的面摊上消费得更多，获得更多营业额和总利润。因为老板娘为客人们设计了两种可供选择的购买方案，客人们往往会从中选择一种，而无论客人选择哪种方案，他们最终都会购买。这样，老板娘要卖出更多卤蛋和牛肉面的目的就达到了。

在实际交流中，有些类似的方法也可以借鉴。

第一，基于对方的立场设计多种备选方案。

交流的时候，当双方在某些大问题上的争议得到有效解决之时，对方是否就会认同我们的目标呢？答案是不会，对方不会轻易做出决定，由于种种原因的存在，他们很可能会采取观望态度。面对这种情形，我们必须对客户进行积极引导，将对方消极观望的态度转变为积极参与的心理。这时候，基于对方的立场设计多种备选方案，以便对方进行选择，是很有效的方法。比如说，"按照您的意思，您是准备……还是……"，就像故事中的老板娘，你买一个也好，买两个更好，反正都算达到她的目的了。

第二，可以遵循对方的从众心理进行引导。

从众心理是指个人受到外界人群行为的影响，在知觉、判断、认识上表现为符合公众舆论或多数人认知的行为方式。心理实验表明，从众心理是大部分个体普遍所有的心理现象，只有极少的人能够在外界影响下保持自己的独立性。

一位销售人员向潜在客户推荐自己的产品时说："贵公司旁边的政府大楼使用的就是我们公司的产品，他们最初只是购买了一小部分产品，后来觉得放心可靠，就与我们公司建立了长期合作关系。现在只要他们有这方面的需要，都会与我们公司联系。贵公司也可以先购买一小部分产品，如果觉得满意，以后再谈增加合同量，您觉得怎么样？"

在遵循从众心理进行引导时，我们需要注意以下两点：首先，所举案例必须是真实的。不要编造谎言，也不要夸大其词，一旦穿帮了的话，吃亏的是自己，自己的诚信度会大大降低，而且无法恢复。其次，对于独立性极强的人要慎用，因为可能会适得其反。

第三，在交流中制造机会。

在交流中，我们可以将自己的优势一一展现给对方，再通过巧妙的方式告诉对方这样的目标是值得去争取的。这时要注意两个问题，首先在表述时要态度诚恳，用你的真诚让对方改变方向；其次，要表明这是在为对方着想。

第四，利用假设的问题引导对方。

"如果我们能够按照您的要求提供……的话，那么您打算怎么样呢""如果您现在准备……的话，那么您会怎么样呢""如果您对这一次的交流感到满意，那么下一次合作一定会首先考虑我们吧"，这样的话可以让对方有一种共同展望未来的感觉，接下来的谈话就会顺利推进了。

让对方在感激中成为你的忠实"粉丝"

有人说中国人爱占小便宜，不管如何警戒，事到临头，多数人还是会"犯馋"。
所以"小优惠策划"几乎是屡试不爽的交际法宝。

人们对于小优惠、小便宜的热衷程度是超乎想象的，比如超市打折的柜台前往往挤满了人，小店铺清仓甩卖更是常常被围得水泄不通。大家的心理可能是这样的：大的便宜是不能轻易占的，而这些小便宜、小优惠就应该"当仁不让"。

在交流中，我们也能利用人们喜欢小优惠的心理，给对方小优惠，让他对你产生好感，从而成为你的"粉丝"。

一次，美国汽车行业的工人举行了大罢工，要求加薪。福特汽车公司的总裁并没有采取动怒、恐吓或者发表霸道讲话的方法来让他的工人们复工。他在当地报纸上发布了广告，称赞那些工人们"用和平的方法放下工具"。他看到罢工监察员无事可做，就买来球棒和手套让他们玩棒球。他的这些人性化的举动也换来了人性化的回报，工人们拿来扫把，推来垃圾车，把工厂周围的垃圾及时清扫掉，将工厂的一切恢复得像原来一样。罢工很快就结束了，问题也得到了解决。同时，工人们对这位总裁也有了新的认识。

这位总裁很会利用人们喜欢小优惠的心理，对罢工中的工人们施行安抚措施，工人备受感动，不但没有损坏工厂设备，还打扫了卫生，真是太让人意外了。

怎样巧施小优惠呢？下面有几个小技巧可以借鉴。

第一，利用风趣幽默为自己和对方"解围"。

幽默不仅是人与人交流的过程中情感的润滑剂，还可以帮助人们在某些复杂的环境中缓解气氛，让对方对你产生感激之情。李梅到朋友家做客，女主人端来一个盘子，里面是一套酒杯和几双筷子，但是男主人在起身给客人倒茶时，一转身把盘子碰翻了，酒杯全碎，筷子也散了一地。男主人很尴尬，其他人也不知道该说什么。李梅一边帮忙收拾，一边笑着说："主人家要交好运了，酒杯打碎了，筷子落地，这叫悲（杯）去喜来，快（筷）乐无比。"其他客人也都说是，主人也就笑了。李梅用幽默诙谐的话语抚慰主人，给主人解了围，使气氛缓和愉快，主人对这样的朋友能不喜欢吗？

第二，在对对方进行批评时，要根据场合，尊重对方，要批而不露。

一家公司的经理在制订一个很重要的方案，他召集大家认真讨论，力争连标点上的错误也不要放过。定稿复印后，张元负责最后的校正。经理发现校正过的文稿仍然有错误，但他并没有立刻批评小张。第二天，大家聚餐时，经理走到张元面前，拿着酒杯说："来，罚酒一杯吧。"张元觉得很内疚，但是并没有感到尴尬，觉得经理很够意思，对经理也就更信服了。

经理给了张元充分的时间认识错误，更重要的是，他的批评方式委婉含蓄，既达到了批评教育的目的，又不会给对方带来负面影响，使对方对自己产生感激之情。

第三，对某些不太好相处的人，可以采用恭维的方式，这样既可以拉近彼此的距离，还可能会有意外收获。

有位办事员生性高傲，他生硬冷漠的面孔常让前来办事的人望而却步。有位外地来办事的人听说了他的脾气，一见面就微笑着递给他一支烟，说："您好，我刚才在门卫那儿有人告诉我，说您是个爽快人，办事认真，有同情心，特别是对外地人格外关照。我一听，高兴极了。"这位办事员脸上立刻就露出笑容，接下去谈正事，果然大见成效。

这位外地人的成功得益于开头的那几句恭维话。谁都不会对别人的恭维有多少抵抗力，你的恭维会让对方很高兴。本着维护自己在你心目中的地位的心理，你们的交流会很顺利。还有很重要的一点，使用恭维话要注意适可而止。赞美只是交际的序幕，要注意及时转入正题，要处理好恭维和正事之间的衔接，不要显得很突兀。

暂时后退是为了更好地前进

/

有的时候，硬碰硬很可能使双方都下不了台，好处谁也捞不到。

这时不妨换一种方式，以退为进，

表面上你做出了让步，吃了亏，实际上你却是最大的赢家。

/

在谈话中，不是说得多就是好的，说得对、说的有用才是目的。也不是始终咄咄逼人，把对方逼得毫无招架之力就是对的做法，这样可能会引起对方的反感，使合作关系破裂。谈话的节奏应该是有疾有缓，哪里该疾，哪里该缓，节奏要尽量掌握在自己手中。现在先讲"缓"的技巧——欲擒故纵，以退为进。

以退为进，要在适当的时候自谦，显示自己柔弱的一面，这样做有的时候是为了博取同情、好感，有的时候则是为了缓和紧张气氛。

维博和妻子是一对模范夫妻，感情非常好，从没有吵过架，也从没红过脸。维博的一个男同事非常羡慕他，就向他请教，希望他把夫妻和睦的秘诀传授给自己。维博没说什么，只是邀请同事去他家吃饭。他们到家时，维博的妻子也刚回家。维博匆匆将同事介绍给妻子，就围上围裙去做饭了。"今天你别上手，都累一天了。"厨房里传来维博的声音。"唉，亲爱的，盐在哪儿呢？"妻子找给他。不一会儿，他又找不到葱了。妻子到厨房夺过铲子道："还是我来吧，按你这速度，明天早上我们也吃不上这顿晚饭。"维博忙说："这怎么行？说好了我要露一手，让你能歇一会儿的，要不我给你打下手？""得啦得啦，你还是去陪客人吧。你笨手笨脚的，就会帮倒忙。"妻子娇嗔着说，并开始忙碌起来。不一会儿，饭菜就上桌了，四菜一汤，一顿饭吃得宾主尽欢。可是同事也没看出维博夫妻相处有什么特别的，为什么就成了模范夫妻了？他再一次问维博，维博只回答了一句："其实我早知道盐在哪儿。"

夫妻相处，总要有一个人经常示弱，特别是在家务分配上，如果只是强硬规定，或是都看成是女方的责任，就很容易伤感情。但是如果夫妻双方中的一方懂得示弱，懂得以退为进，事情协调好了，就不会让另一方反感。

商务性质的谈话中也要学会运用这一原则，要知道"欲速则不达，过刚而易折"，一定要学会刚柔并济地处理问题、应对谈话。

欲擒故纵的技巧有两个，一个就是学会示弱，另一个是以退为进。二者稍微有些差别，造成的效果也略有不同。

示弱的话更容易使对方心软，或是满足对方的虚荣心。请记住，在谈话中要当获利方，就不能意气用事，把面子让给别人吧，我们要的是利益。所以在示弱的时候不要觉得没面子，要满足对方的虚荣心，最好让他觉得"飘飘欲仙"。陷入虚荣中的人容易失去平常心，让渡他的利益。

如果你只会硬碰硬，以强制强，结果就会使双方都下不了台，谁也得不到好处。而且用强制的方式肯定得不到对手发自内心的认同，会让你失去下一次合作的机会。

而以退为进，常常用在谈话处于僵持阶段的时候。在这种情况下，大段的谈话已经起不到任何作用了，以退为进才是有效手段。

前文已经讲过《触龙说赵太后》的故事，这就是一个典型的以退为进说服对方的例子。秦国出兵攻打赵国，赵国向齐国求救，齐国答应出兵，但要以赵太后最爱的小儿子长安君为人质。赵太后坚决不同意，谁劝都没用，只会激起太后的反感，让她更加听不进劝。唯有老臣触龙的一席话说得赵太后最终同意让长安君为人质，于是齐出兵解了赵国之围。

由此可见，以退为进确实是劝服别人的好办法，"欲要取之，必先予之"，有舍才能有得。因为有些人就是这样的，你一味地压制他，会引起他更加强烈的反弹。不如先换个话题，迂回作战，省得双方都钻到牛角尖里，反而解决不了任何问题。

需要注意的是，你在使用"退"这一步的时候，一定要首先调整好自己的心态，把自己调整到比较柔和的心理状态中，否则你的火气还是会从言语行为中反映出来，也就达不到真正"退"的效果了。

通过表情和姿势控制对话

良好的表情和姿势，就像一株植物上的花朵一般，颜色鲜艳，无比美丽。

正因为这些绚丽的色彩，一朵花才得以赢得众多人的关注。

而与我们的言行配合到位的表情和姿势，能极大提升我们的沟通效果。

一个歌手站在舞台上唱歌，比较拘谨，没有什么神情和姿势，就算他的声音再美，歌曲旋律再动听，都不一定能打动我们。如果歌手在唱歌的同时，加上恰当的身体姿势和表情，就很容易打动人了。精彩的演讲也是一样，用丰富的语言再加上丰富而得当的表情、动作，所得到的效果可能会有很大的提升。

要想得到好的沟通效果，也需要表情和身体姿势来帮忙。同样，通过对方的表情和身体姿势，我们也可以知道谈话的效果，以便调整。

战国时期，魏国的梁惠王雄心勃勃，广召天下高人名士，知名学者淳于髡便来到了魏国。梁惠王连着召见了淳于髡两次，每一次都屏退左右，与他倾心而谈，但淳于髡一直沉默不语，弄得梁惠王很难堪。事后，梁惠王责问推荐他的人："你说淳于髡有管仲、晏婴的才能，可是他就是不说话啊，难道我不值得他说话？"推荐人赶紧就去问他，他回答："确实如此，我很想与梁惠王倾心交谈，只是他的心思不在这儿。第一次，我发现梁惠王心神不定，一心想着打猎之类的娱乐活动，我就没说话；第二次，我见他仍旧心不在焉，心里装的都是舞乐之事，所以我也没有说话。"推荐人将淳于髡的一席话转述给梁惠王，梁惠王一回忆，果然如淳于髡所言，连连感叹淳于髡真是一位圣人。

淳于髡从梁惠王细微的表情看到了他心中所思，知道这时候说什么都是白说，省了口舌。

通过表情和姿势来控制交流，有一些基本的原则需要遵守。

第一，准确、适度。要根据说话内容、说话环境、说话对象、说话目的的需要，准确恰当地运用肢体语言。

以手势为例，具体应用中要根据场合需要灵活使用：场面大，手势大；场面小，手势小。而且，手势应该停留足够长的时间。

手势种类繁多，意义丰富，什么时候用什么手势，可是要慎重选择的。比如说，在路上用手势和朋友打招呼，有的手势让对方觉得你很热情；有的手势让对方觉得你心不在焉；有的手势让对方觉得你兴致高涨；有时候对方能从你的手势中觉得你要和他谈很重要的事；有时候对方看你的手势就知道你有急事，下次再聊……同样一个招呼，可以有这么多的表意，如果使用不当，难免会产生歧义，造成误会。所以说，肢体语言的使用要准确适度。

第二，自然、得体。不故作姿态，要适合自己的身份和场合。

对于肢体语言的自然、得体，有几个小技巧分享。首先要切忌总是重复一种姿势，任何一种姿势，重复多了总会令人觉得乏味；其次，做手势的时候，不要只从肘部做起，这样会使人感觉你的手势不自然；再次，某种姿势不要结束得太快，比如当你伸出手指指向前方，这种姿势是帮助你说话的语气，那么绝不可立刻把手缩回，最好等到说完了一句话以后再缩回；最后，不要让你的动作或姿势分散听者对你说话内容的注意力，许多人的动作太"过火"，使听者将主要注意力都转移到他的动作上去了。

第三，和谐、统一。其中包括两个方面的要求：首先，肢体语言和有声语言要配合统一，才能准确地表达思想、感情和愿望；其次，各种肢体语言要一致、协调，总体和谐。

肢体语言是对有声语言的一种辅助和补充，能弥补有声语言的不足。辅助得好，会为你的有声语言锦上添花，让交流更流畅。各种肢体语言所表达的意思是不一样的，如果运用不当，就会引起对方的反感。如果你的肢体语言表达不准确，与口头表达的意思相抵触，就会引起误会，造成不必要的麻烦。

第十一章

掌控主动权，就有了决定权

谁都希望掌控谈话的主动权，因为主动权往往意味着决定权，谁掌控了主动权，谁就是"老大"，责任与利益的分配都由他说了算。所以，涉及主动权的问题都是大问题，是不能让分毫的大问题。

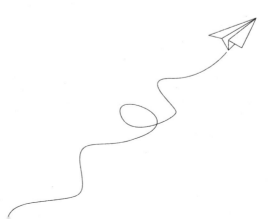

简短、精准的话能让对方感觉到你的气势

要杀死一条蛇，并不需要将它打得遍体鳞伤。

事实上，只需要一下，打中蛇的致命弱点——七寸，它就一命呜呼了。

所以，切中要害、简短精辟才是交谈的要点。

在商务谈判中，赢家往往并不是在谈判过程中口若悬河的人，而是那些看起来非常"沉默"的人，他们往往一张嘴，就能切中问题的要害，这也就是为什么很多经验丰富的谈判高手在谈判的时候都是"寡言少语"的。

谈判专家在谈判的过程中非常善于运用心理战术，他们往往能用很简短的几句话，就让对方感觉到他的气势。因为你说得越少，对方就越觉得你难以猜透，对于你下一步要说什么，对方都是毫无头绪，从而觉得你是一个"高深莫测"的人，仿佛你能洞察一切，任何事情都逃不过你的眼睛。

杰瑞是一家广告公司聘请的谈判专家，有多年谈判经验，和他打过交道的公司不计其数。这一次，聘请他的这家广告公司要和一家手机厂商商谈有关广告费用等问题。在谈判中，杰瑞发现手机厂商代表是一个口若悬

河的人，当双方有不同意见的时候，对方都采取激辩的方式，而且情绪很容易激动。因此，杰瑞在谈判中都是用短短几个字或者几句话来回答手机厂商代表提出的问题，对于有的条件甚至不做出任何解释，而是引导手机厂商代表按照他的思路来走，给对方一种难以捉摸的感觉。谈判结束的时候，手机厂商代表说："你们公司真是派出了一个出色的谈判专家，他既让我们抓不住头绪，又用几句话就说服了我们，太厉害了。"

马云是一位非常成功的企业家，他所创办的阿里巴巴是全球国际贸易领域最大、最活跃的网上市场和商人社区，被国内外媒体、美国硅谷和国外风险投资家誉为与雅虎、亚马逊、易趣和美国在线比肩的五大互联网商务流派代表之一。马云能取得这些成就，源于他所做出的一系列正确选择，其中一个影响了他一生的决定，就是他和日本软件银行集团总裁孙正义的一次短短6分钟的会谈。

在1999年12月，马云和孙正义见了第一次面的20多天后，他和蔡崇信飞到日本东京，与孙正义正式展开谈判。

马云在谈判一开始就提出了三个条件："一是希望孙正义本人亲自做这个项目；二是希望用软银自己的资金；三是价格问题。"对于这三个问题，孙正义的回复是："我们会投资，要占30%的股份。我从来不做任何公司的董事，就做你的顾问吧。我也可以将我的资金给你。至于价格，我们现在就开始商量。"

经过一番商议之后，最终，孙正义同意了马云的条件，软银投资阿里巴巴2000万美元，阿里巴巴管理团队仍然绝对控股。关于这次风险投资的谈判结果，蔡崇信说："这是他（孙正义）投资经历中让步最多的一次。"

马云在这次和孙正义的谈话中仅用了短短几句话，就说服了孙正义投资阿里巴巴。孙正义拥有遍及美国和欧洲的合资或独资企业近千家，软银集团是日本前十大会社，马云成功地让这样一个资本雄厚的对象开先河，做出极大让步，原因就在于孙正义从马云短短几句话里，就知道马云注定是会成功的。事实证明，他的选择是正确的。

时隔9年，当两人再次聚首的时候，孙正义说："我相信杨致远，我很兴奋，我发现了他，我从他的眼睛里看到了热情，看到了力量。所以雅虎刚刚创立时，我投了1亿美元，帮助他更快取得成功，在世界范围内取得成功。同样，9年前我见到你的时候，你一无所有，中国的互联网行业也仅仅是刚起步。但是你的双眼冒光，闪烁着梦想和激情。我觉得你和杨致远一样疯狂，所以我决定投资你的公司。你和我都是疯子，不同的是，今天的你和当年的你一样瘦，而我可能重了一点。"

请相信，只要说出的话够力量，你的短短几句话，就能让对方看到你身上散发出来的力量和气势。简短和精准并不是说你不具备谈判口才，那些口若悬河、总是据理力争的人也并不总是谈判中的大赢家，很可能弄巧成拙。毕竟不是所有人都愿意浪费时间去听那些长篇大论，有时候，用最简短的几句话表达出核心意思，反而更有说服力。

提前准备对方根本答不上来的问题

当你向对方提问的时候，如果对方不知所措、无从应答，

那么从心理上，你就已经压倒对方了。

你已经是"老大"了，到底"花落谁家"，其实答案已经揭晓。

赵政是一家保健品公司的营销经理，原先在另一家公司任销售主管，由于业绩一直不错，因此被朋友挖到了其成立的保健品公司，并且担任营销经理的职位。

赵政以前并没有接触过保健品行业，因此他所在部门的下属都非常怀疑他能否胜任这一职位，并且认为他是凭借着和董事长的关系，才能来到这里做营销经理，并无真才实学，因此大家都消极怠工，工作态度不像从前那么认真了。赵政知道大家的工作态度之所以有了这么大的转变，原因就在于对自己的能力缺乏信任。为了让所有员工都端正态度，并且对自己心服口服，赵政决定和每个手下的员工都单独谈一谈。

谈话一开始，赵政就直奔主题，连珠炮似的问："全国有几家大的保健品公司""咱们公司在保健品行业里口碑如何""咱们最大的竞争对手的业绩每个月都能达到多少""你一个月拜访几名客户？平均有

多少客户会购买我们的产品""你给我大致分析一下保健品市场目前的形势""咱们的供货商现在要求的价格和以前相比增加了百分之多少"……当员工听到赵政这些问题的时候，往往都变得不知所措，甚至紧张不安。

从这个案例中我们可以看出，想在谈话中占优势，并不一定要用某种真理或者事实来说服对方，用一些对方根本回答不上来的问题，往往更能帮你达到目的。毕竟能够让对方瞠目结舌，也就从心理上战胜了对方，这也是一个很有效的办法。

多项研究表明，有的人善于在谈话刚开始就提出多个问题让对方无从回答，并且连续发问，并由此占据上风。当然，只有当你有把握知道你提出的问题是对方根本回答不上来的，你才有可能达到目的。

假如你是一名刚到任的年轻领导，而你的部门有很多资深员工，要想让他们对你心服口服，你就要在和他们的谈话中占据优势。比如说，在工作的第一天，就分别和你的员工进行一次谈话。在谈话刚开始时，不妨先提出几个问题来压住对方。"你的业绩和同一领域的其他对手相比排第几""公司目前推出的新产品有哪些技术缺陷""你知道我们的竞争对手一个月都拜访几名客户吗""最近几个月，和我们实力相当的公司的股票上涨了几个点""竞争对手公司最近推出的新产品和我们公司的产品有哪些相同和不同之处"……当对方听到你的这些问题的时候，往往会不知所措。于是从心理上，你就已经压倒了对方。

　　很多时候，我们提出连珠炮似的问题，并非"心怀叵测"，目的是要让对方瞠目结舌，不知所措，从而让他们丧失信心和气势，这也是利用心理攻势来打倒对方。有的律师明知道自己手里没有证据，但还是准备了一大堆问题来质问被告，即使这些问题毫无关联也照问不误，目的是让法官和陪审团看到被告不知所措的样子，先让对方丧失士气，再步步紧逼。

　　有的人很善于在谈判的过程中步步紧逼，让对方不知所措。有时候你的对手不管是在学历、工作经历还是谈判经验方面都比你丰富，你就很容易紧张，即使你已经准备得非常充分，也会觉得在某些方面做得不足。这个时候，不妨也利用提问题的方法来使自己渐渐平静下来。当你看到对方面露难色，或者是对于你提出的问题表现出很吃惊的样子，就说明你已经在谈判中占据优势了。

避重就轻，转移话题，方可转败为胜

/
面对一块又臭又硬的石头，我们何苦撑着自己鸡蛋般柔弱的身躯迎面直上呢？
这不叫勇敢，而叫作蛮干。
避开当头的难题，从对方薄弱的地方入手，这才是转败为胜的明智之举。
/

前面我们讲过，利用问题攻势可以让你在谈话中占据优势地位。但是如果对方也对你采取同样的办法，你又该如何应对呢？当然，你不能直接用"我不知道"四个字来回答，这样说，就等于你直接认输了。当对方提出了一个让你非常为难或者不好回答的问题时，不妨先胡乱给出一个答案，把话题转向其他方面，然后再针对新话题具体陈述一番。对，就是采用转移话题的方法来让自己转败为胜。

心理学家认为，当一个人被对方的难题困住的时候，不妨具体地陈述另一个无关的问题，也就是所谓的答非所问，好让对方摸不着头脑，之所以这样做的原因是不从心理和气势上输给对方。

麦克是个营养学专家，经常接到邀请去各个地方参加演讲，对此他可谓轻车熟路了。当然，在演讲的过程中，麦克也遇到过不少难题，因为有的听众会提一些他根本无法解答的问题，有的甚至和营养学无关。对此，他不会直接当着所有的听众说："对不起，这个问题我不知道。"或者说："我认为这个问题和营养学无关，对于这种问题我不是很了解。"如果他这样回答了，那么就会让现场气氛变得尴尬起来，他的可信度和权威性还会在听众心里大打折扣，从而影响他的名誉。

这一次，麦克又遇到了类似的问题。一名听众在麦克讲完营养学的历史、起源、发展之后，站起来问："我的母亲一直患有糖尿病，既然您说营养学对人类的健康有那么重要的作用，而且还能起到缓解并治疗疾病的作用，那您有什么方法能让她痊愈吗？"麦克听到这个问题后，想了想，说："我们常说的适宜膳食，是指要达到维持理想的机体消耗，并高度发挥体力和智力工作的潜力。每日必需营养素的膳食需要量取决于年龄、性别、身高、体重、代谢和体力活动量。为了拥有健康，机体组成必须要维持在合理的范围内。这需要平衡能量的摄入与消耗。如果能量摄入超过消耗或消耗减少，体重会增高，导致肥胖症。与此相反，如果能量摄入低于消耗，体重会减轻。"当麦克说完的时候，他发现听众不仅没有对他的答非所问提出批评，反而都在认真做笔记。

通过这个案例可以看出，有时候当你具体陈述另一个问题的时候，反而能提高自己的信任度。即使你不知道问题的答案，也不要支支吾吾地回答说"那个……这个……"或者是"我……嗯……"这无疑是最差劲儿的回答。

　　在面试中，应聘者经常会遇到一些"刁钻"的面试官，他们往往喜欢问一些让应聘者手足无措的问题，总之就是非常难以回答的问题。这无疑是给应聘者施加某种压力，也是面试官常常采用的一种心理战术。有的时候，面试官看重的并不一定是问题的答案，而是想看看应聘者在这种情况下会有什么反应，心理素质如何。有些心理素质不太好的应聘者在碰到喜欢"刁难"的面试官的时候，会变得更加紧张，甚至语无伦次。这样的话，即使这名应聘者之前表现得很好，也会因此而功亏一篑。这个时候，不妨把自己知道的某个相关方面的知识大大方方地说出来，尽量博得面试官的好感，要表现得既自信又沉着。

　　假如你是一个外贸专业的毕业生，那么当面试官问"你对目前的经济形势怎么看""谈一下经济危机对进出口公司带来的影响""各国采取的哪些经济政策对进出口贸易是有利的"……诸如此类的问题，就请首先想想自己对于哪些相关知识掌握得最多，分析得比较深刻，然后自信地把你知道的陈述出来，并加进一些看法和见解，这样有可能给面试官留下一个比较好的印象。

　　避重就轻、转移话题在某些时候的确是一个很好的反击方法，当然，首先在心理上就要占据优势，尽量不要吞吞吐吐地从正面回答对方的问题。

要想更具气势，就需常说肯定形式的话

/

肯定句式的话就像一颗颗原子弹一样，会爆发出了不起的震慑力；

而否定和被动句式的话，就像哑弹，

虽然发出的声势不算弱，但没爆发出效果，你就别妄想能震慑他人了。

/

张晋是一家化妆品公司的营销人员，因为刚刚从事销售行业，所以难免会遇到很多挫折和困难，虽然在工作中学到了一些营销技巧和与人沟通的方法，但是业绩还是没有很大的提高。在和老员工的交流中，她发现要让客户购买你的产品，首先就要树立一种专业的形象，尤其是在说话方面，一定要让客户信任你，那样才有成功的机会。

此后，她在和客户的交流中完全使用肯定句式的话。"您看，使用我们的这款洗面奶既能美白，还可以补水" "这款面霜可以帮助您消除脸上的黑斑，客户满意度非常高，有很多客户都是这款产品的回头客" "这款防晒霜是今年新推出的，使用后绝对既不油腻，还有很好的防晒、美白作用"。

当客户有疑问的时候，张晋也不会紧张到语无伦次，而是很自信地说："您看，刚才走的那几位顾客都是我们这里的常客，这些都是纯天然的，绝对不含任何化学物质，您可以放心使用，这款产品非常适合您的肤质。"

从这个案例中我们可以看出，即使客户对你的话有所怀疑，当听到你如此肯定并且自信满满的话的时候，客户的疑虑肯定会有所打消，那么你就有更多的机会来说服客户购买你的产品。所以我们说，语言技巧是营销人员必备的"武器"。

研究发现，在谈话中频繁使用被动形式的句子会降低话语的说服力，而常说肯定形式的话会给人一种积极的印象，并且更具气势。

我们常说某人的性格很被动，意思是说这个人做事不主动。如果在谈话中频繁使用被动形式的话，就会给人一种缺乏自信、拐弯抹角的印象。假如你在商务谈判或者面试场合使用被动形式的话语，那么对你是非常不利的。我们不妨比较一下肯定形式和被动形式的话语会产生什么不同的效果。

"我们的产品被80%的消费者喜欢""有80%的消费者喜欢我们的产品"。

"他被我打败了""我把他打败了"。

"这个考试轻而易举地被我拿下了""我轻而易举地拿下了这个考试"。

"在这场辩论赛中，那三个对手都被我打败了""在这场辩论赛中，我打败了那三个对手"。

　　对比这几个简单的例子，我们可以看出，用肯定形式来表达你想说的话，更能增加你的说服力，还可以体现你的自信。

　　每个人都有自己的语言习惯，既然是习惯，就代表是根深蒂固的，很难改变。我们不妨在平时多注意自己的说话方式，看看自己究竟是使用肯定形式多，还是被动形式多。如果你发现你在谈话中总是喜欢使用被动形式的话，那么就要试着改变这种习惯了，毕竟给别人一种积极向上、信心满满的印象，能帮助你抓住更多机遇。

　　在商务活动中，你是想让对方觉得你主动强势、自信满满，还是性格软弱、缺乏信心？答案肯定是前者。在很大程度上，这都取决于你的说话技巧。要想在谈话中让对方感受到你的气势，就要多使用肯定形式的话，让对方感觉到你是志在必得。比如，"我们公司经过讨论后决定，最晚的发货期是8月底，绝对不能延迟""这次的报价已经很合理了，绝对不能再低了"……

　　心理学家认为，对于销售人员来说，用肯定形式的话语来说服客户是一个很有效的手段，往往能帮助销售人员达成交易。

　　很多人在面试的时候，即使对某些问题的答案并不是很肯定，但是所做的回答依然能给面试官留下一个积极向上、非常自信的印象。很多面试官都会问应聘者关于未来职业规划的问题，有的人在这类问题上表达得含糊不清，或者吞吞吐吐，比如"嗯……""那个……""其实……"。面试官听到这种回答，对这名应聘者的印象肯定会大打折扣，甚至会觉得应聘者根本不确定自己未来的职业目标。如果应聘者能非常肯定、清楚地说出自己的人生规划和职业目标，无疑就会给面试官留下一个深刻的印象。比如回答"我的职业规划就是在未来三年内成为公司的业务部经理""我希望通过自己的努力，能够成为这个领域最有前途的服装设计师""我坚信我可以成为最有发展的会议翻译"。

所以说，在谈话中多用肯定形式，会让你更具气势，语言更有说服力，还可以体现出你是一个积极向上、自信乐观的人。

如何从滔滔不绝的人手中夺回发言权

想让喋喋不休的谈判对手闭上嘴巴，就像让奔驰的火车瞬间刹车一般。

虽然这项工作很吃力，可是如果任由他说下去，就等于将主动权拱手相让。

这是明智者绝不能容忍的事。

这时，不妨使用一些明智者的"小花招"，使这列火车瞬间刹住。

宋航是一家银行的客户经理，最近银行客户量流失了很多，因此银行决定举行一次会议，让各个客户经理商讨解决这个问题的办法。在会议上，总经理让大家分小组讨论，然后得出一个结果，看看哪个小组的解决方案最可行，再给予奖励。

宋航这次和孙林分在一个组。孙林可谓公司有名的话匣子，他对各种演讲活动都非常积极，并且一说起来就没完，根本不给别人一点表达看法的机会。和他一组，宋航根本不可能有发言的机会。为此，宋航苦苦思索，终于想到了一个方法来夺得发言权。

果不其然，讨论刚开始，孙林就滔滔不绝地说起他的想法，还谈起了他以前积累的经验和教训。这个时候，宋航故意打了个很响的喷嚏，一下把孙林吓得呆住了。宋航笑着说："真不好意思，这两天有点感冒。其实我觉得咱们不妨用这个办法……"宋航不仅夺回了发言权，他的想法还被公司采用了。

从这个案例我们可以看出，从喋喋不休的人那里夺回发言权，让自己在谈话中占据优势，就是获得了成功的机会。

在谈判中，有的人总能争取主动权，不管是在气势上，还是在语言上，都能压倒对方，并且迫使对方同意自己的要求，从而达到自己的目的。

如果你的谈判对手是一个喋喋不休的人，并且有多年谈判经验，那么你就要从细节入手，逐个击破对方的弱点，从而达到谈判目的。

当对方夺取了发言权的时候，他不会考虑你的心情和想法，如果你不能找对时机把发言权抢回来，你在谈判中就会一直处于被动地位，其结果可想而知。

因此，当对方在不停陈述自己的观点和建议的时候，你不妨先想办法打断对方，比如借口说"不好意思，我去下洗手间""对不起，我先接个重要电话"或者是不小心把笔掉在地上，借口出去接杯水，等等。当你回到谈判现场的时候，一定要主动挑起话头，比如说"对于刚才的问题，我认为……""关于这件事，我有更好的提议……"，等等。当你把主动权抢过来的时候，你就自然而然占了上风，抓住一切机会，从气势上、话语上都压倒对方，他就会不得不答应你的要求，从而促成这次谈判的成功。

有的人习惯对任何事情都保持沉默，不发表自己的意见，于是就让别人有了机会"乘虚而入"。然而很多时候，即使你并不是胸有成竹，要知道只要你争取了主动权，你就离机会近了一大步。比如有的客户非常健谈，根本不给你机会说话，你又只能继续听下去，而不能直接打断。这个时候，你就完完全全被客户控制住了。当你处于被动地位的时候，不妨用一些小技巧来帮助自己夺回发言权，比如说"不小心"把资料或者笔掉在地上，客户也就停下来不再说。当你捡起"不小心"掉的东西的时候，就可以在第一时间把发言权抢回来，可以说"您看，这是我们的客户满意度评价表，对于我们的新产品，大家反应都很不错。我们这有试用装，您不妨试试看"。

作为一名推销员，在和客户的谈话中占据主导地位是非常必要的。如果遇到喋喋不休的客户，就一定要把发言权抢回来，引导客户随着你走，而不是让客户领着你走。让你们的谈话沿着对你有利的方向发展，你才有成功的机会。

比赛现场，教练员打手势表示要暂停，这是因为他看到自己的队伍目前处于劣势，如果不想办法鼓舞士气，就会让情况越来越糟。这也是一种拖延战术，这种方法也可以用在说话的技巧方面。

我们在和朋友的相处中，有时会发现朋友对于某些非常感兴趣的话题，会说起来没完。当你想要陈述一些事情或者是表达一些看法的时候，往往不知道如何插嘴。那么这个时候不妨把头突然扭向别处，然后说："哎，你看小王的车是不是也是这种款式，现在这种车好像又涨价了。对了，我刚才想跟你说件事……"或者是摸一下对方的衣服，然后说："你这衣服料子不错啊，在哪买的？哎，你知道吗……"

以上几种方法都可以帮你从滔滔不绝的对方手中夺回发言权，这就是拖延战术的威力。只要你能学会善加利用，就能得到你想要的效果。

先说好听话，再说难听话

谁都想听好听话，可是如果总听好听话，

人就会被惯出一些毛病，所以难听话也是必不可少的。

然而，难听话就像一颗刺球，想让对方从内心认同并接受，没那么简单！

所以，对于这颗刺球，你得会抛，才能一抛即中，一中见效。

多项研究发现，在你要批评一个人的某些做法或者想法的时候，先说点好听话，让对方受到鼓舞和赞美，然后再说难听话批评教育对方，是一个很有效又不得罪人的手段。

很多人都有类似的经历，当你出错的时候，有的领导并不会一上来就严厉地批评你，而是先夸奖你最近表现很不错，付出了很多努力，然后再批评你的过错。

这个时候，你的心里往往并不会感到非常难受，反而会下决心更加努力工作，以弥补这次犯下的过错。这就是很多领导所采取的批评前先激励的方法。

马修是一家银行的客户经理人，他发现最近客户的投诉电话多了很多，而且这些客户几乎都是下属赵维的。在和其他员工的交流中，马修得知赵维最近家里出了一点儿事，因此在工作中总是心不在焉。和客户沟通的时候，不但不能抓住客户，有时甚至和客户发生争执，给客户留下了非常不好的印象。很多老客户也对赵维的服务表示了不满。因此，马修决定和赵维单独谈谈，帮他解决这个问题，让他重新回到以前的工作状态中来。

马修把赵维叫到了自己的办公室，对他说："赵维，这段时间咱们的工作任务量比较大，工作起来会遇到很多困难，如果你有什么难题，不妨和我说说，我会尽力帮你解决。你是咱们这儿的老员工了，工作态度非常认真，而且还很努力，积极向上、认真负责，同事们对你的评价都很高。过去你的业绩也做得非常好，一直是咱们公司的重点培养对象。"

赵维听到这些话后，脸上露出了笑容，说："经理，这都是我应该做的，我会努力为公司做出更多贡献。"

马修顿了顿，接着说："听说最近你家里出了点儿事，是吧？我也知道，你之所以最近工作心不在焉，就是因为担心家里的事。这很正常，我并没有责怪你。你有困难，大家会帮助你一起解决。但是如果你把这些情绪带到工作上来，不仅会影响了工作，还会造成很不好的影响。最近公司接到了很多客户的投诉电话，有很大一部分的投诉电话都是你的老客户打来的。这不仅会影响到你的业绩，还会影响到公司的整体效益。过去你付出的努力，大家都有目共睹，我希望你能把以前的认真和负责重新带回到工作中来。"

赵维听后对马修说："经理，我知道我最近的工作态度给公司造成了损失，我会尽全力弥补我的过失。谢谢您对我的栽培和鼓励，我一定不会辜负您的期望。"

在这个案例中，马修采取的这种先鼓励后批评的做法，不仅没有让赵维丧失信心，更加消沉，反而让他决心更加努力工作，以弥补自己犯下的过错。这是因为马修让赵维觉得自己是对公司非常有用的人才，既然受到了领导的重视，就应该更努力地工作，端正态度，才会不辜负领导对自己的期望和重视。

朋友之间相处，也难免有产生矛盾和冲突的时候，当你对朋友的某些做法或者言语不满的时候，不妨也采取这种先说好听话，再说难听话的做法。这样做既不容易得罪对方，影响你们之间的友谊，还会让对方认识到自己的失误。

其实这种方法也可以用在营销技巧中，化妆品营销人员就经常采用这种方法来推销自己的产品。"小姐，您的皮肤保养得很好，看起来白里透红，但是您的皮肤有点干燥，需要用些补水的化妆品。现在是冬天了，皮肤很容易缺水""您的发质真的很好，既没有分叉，又没有头屑，还很飘逸。但是您的皮肤有点儿泛黄，如果使用一些美白产品，再配上您的秀发，那就更迷人了""您的嘴唇非常性感，但是眼睛不是很有神，如果打点睫毛膏的话，效果肯定不一样，您不妨试一试""您的眼睛很大，睫毛也很长，但是可能是因为您最近工作比较劳累的原因，您的眼睛不是很有神，打点儿眼影的话，看起来会神采飞扬的"……

很多女士在听到化妆品推销人员说出这些话之后，不但感到心情舒畅，还会非常愿意掏出自己的钱包。

在很多情况下，不妨先说好听的话来赞美对方，然后再说难听的话，这样既不会让对方面子挂不住，导致气氛很尴尬，还可以达到自己的目的。

影响对方的某些行动，他将对你唯命是从

/

对他人高超的控制，就像墨汁，一两滴就能将整瓶水染得一片墨黑。
只要你能影响对方某些方面的行动，甚至某一方面的行动，
你就能逐渐并最终完全左右对方的行为方式。

/

一家服装小店生意红火，越做越大，营业额也不断攀升。可是当税
务人员要求老板补交营业税时，老板不承认营业额已经增加了。

几次之后，一位经验丰富的税务稽查员穿着便装来到店里和老板
聊天。他在店里转了一圈后，拉住老板，笑着问："有笔大生意你有兴
趣吗？"

老板来了兴致，"当然有！什么款式，量有多少？"

稽查员说："就是上次那种裙子，200套。"

老板问价钱，稽查员说："每套200元，要得多的话还可以往下降，不
过我看你是吃不了。"

老板说："笑话，我全要了！"

稽查员说："不是我不提醒你，两个月要回款的，你能销出去吗？"

老板笑着说："两个月，4万块，有什么问题吗？我哪个月不得一两

万进账？"

稽查员掏出工作证，笑着说："好，那你把税款补齐了吧。"

这位稽查员就是抓住了老板的赚钱心理，把老板的实话一点点套了出来。

利用对方的某种心理，一点点地将对方引入你事先设定好的"圈套"中，这样，对方就只能束手就擒了。

你在和别人交流时总是受到对方的控制，或者是任其发展？要如何让对方对自己"唯命是从"呢？有几个方法可以借鉴。

第一，控制对方的眼部动作，吸引对方的注意力。

如何让对方的眼睛只关注你，把注意力全放在与你的谈话上呢？我们可以借鉴一下推销中的"夸张表现"的方法。也就是说，动作要稍微夸张一点。也许你会觉得非常不好意思，但是这样做的效果却是非常明显的。

很多心理实验都证明，人的注意力会被"活动的事物"吸引，这种现象从婴儿身上就可以观察到。有报告指出，在同时看到骨碌骨碌转动的玩具和静止的玩具时，婴儿会长时间注视转动的玩具。最近，这个发现在商业广告中也得到了广泛应用。比如某商场在门口设置了一个和真人一样大小的玩具大猩猩，让它给顾客盖一个入场纪念的图章。因为这个猩猩会活动，非常有趣，所以连大人都想让它给自己盖纪念章。

以高超的演讲技艺闻名的美国前总统约翰·肯尼迪就善于在演讲中成功地运用动作来吸引人们的目光。他能够巧妙地运用手势表达他想表达的事情，而且还会用左手叩击右手的动作来表现他的气势。听演讲的人们总有这样的感觉：自己的眼睛似乎不够用了，因为他一直在吸引着你的注意。

要吸引对方的眼球和关注，方法很多，比如独具特点的表达方式、别具一格的肢体语言或者特有的亲和气质。无论用什么方式，目的就是让对方对你"唯命是从"。

第二，增加和对方的互动。

沟通是互动的，不是一方的事，需要双方共同参与。有说有听，有传递有反馈，才有双方意见的交流，只有在互动中才能达成共识。如果我们控制了和对方互动时的话语权，那对方自然会"唯命是从"。怎样才能控制双方的互动呢？

互动的方式可以是有声语言的互动，也可以是肢体语言的互动。比如说，一位老师和一个同学谈心，谈话要结束了，老师拍着学生的肩膀并语重心长地说："孩子，要努力啊。"学生望着老师，点点头，鞠个躬，转身出去了。他们就是采用了肢体语言的交流，感觉真实而亲切。当然，在社交场合，也可以采用点头赞许鼓励对方发言，对精彩的发言给予掌声的鼓励，以及和对方进行眼神交流等方式。

语言互动上，可以采用提问回答或者是评价对方话语等方式。让对方说话，让对方表态，这样我们才能知道对方的想法，才能控制对方的行为。

第三，控制对方回答的范围。

如何让谈话在自己的掌控之中呢？需要进行引导性的提问和引导，用问题来设定"圈套"。当然，要注意不能让对方意识到这个"圈套"的存在。我们应该把对方的回答控制在设定好的范围之内。

我们不能预知对方的行动和话语，所以为了控制双方的交流，让对方对我们"唯命是从"，我们通常采用这种方法：根据对方的行为来控制对方接下来的一些行为。

出错前先道歉，仍然不失主动地位

犯错就要认错，这是天经地义的事。那么，是出错前先道歉，还是出错后再道歉呢？
出错前先道歉，是因为觉得会有错的可能；而出错后再道歉，是理所当然。
很多时候，两种行为最终产生的效果是不一样的。
既然明知有错的可能，为何不为自己减轻罪责、尽早弥补呢？

李冰负责一家公司的产品推广，他有多年的工作经验，积累了很多的经验和教训。这一次，公司做的是保健品的推广。目前市面上的保健品品牌层出不穷，而且由于一些厂家生产的保健品质量不过关，导致很多消费者都已经不再信任此类商品，因此在推广的时候，经常会遇到难题。

李冰认为要让客户信任并购买公司新推出的保健品，一个很好的办法就是树立口碑，一传十，十传百，这样才能拓宽销路。为此，他研究出了一个独特的推广办法。领导看了他的策划方案后非常满意，但是李冰知道如果自己这个时候向领导保证肯定能成功，那么如果失败了，就肯定会影响自己在领导心中的形象，进而影响到自己以后的发展。

一番思量后，李冰对领导说："虽然我们的准备工作做得很好，也设计出了一套独特的营销方案，但是毕竟现在市场不是很景气，消费者对此类商品还有很多顾虑，所以我并不能保证这个推广方案一定成功。如果失败了，我会承担所有责任。"

后来，在产品的推广过程中，果然遇到了很多阻力，并且最终取得的效果也并不是很令人满意，但是在同行中的销量已经算是很不错的了。领导并没有因此而责难李冰，反而安慰他说："李冰，我对你的策划方案非常满意，这种结果我们已经料到了，并不是你的过失，别太往心里去。"

从这个案例中我们可以看出，在出错前先道歉，既可以帮助你保留面子，还能不失主动地位，这也是说话技巧中一个非常有效的手段。

在商务活动中，不管是新产品的宣传，还是商品推销，你都不能保证百分之百会成功。如果你向领导和同事断言这次肯定能成功，就要承担更大的风险。因为如果失败了，就会在很大程度上损害你的信誉，还会在领导心里留下非常不好的印象，这对你都是极其不利的。

想给自己留一条"后路"，一个很有效的办法就是在出错前先道歉。先告诉大家做这件事情是有风险的，你并不能保证肯定能成功，但是你会尽最大努力把风险降到最低。这样的话，即使最后真的失败了，大家也不会过于责难你，还有可能会安慰并鼓励你，毕竟你已经预知了风险。

"这次的广告设计，我和每个工作人员都付出了很多心血和努力。我并不能保证通过这则广告一定会增加产品的销量，但我相信最起码会让公司更有知名度""这个计划我也不能保证一定会成功，只能说有70%的把握，毕竟整个执行过程会受到那么多不确定因素的影响""我不能保证一定完成这个任务，毕竟时间有限，但是我还是会努力去完成"……即使你已经胸有成竹，也不要告诉对方你有十足的把握，不妨谦虚地说可能也就有80%的把握，这样还能赢得对方的好感。

足球赛场上，两方对决，既有攻，又有守，而我们所说的出错前先道歉就是一种"守"，目的是给自己留余地，也是给自己加一个保护层。充满自信是一个非常难得的优点，但是在商业活动中，如果你过于自信，在做事的时候总是承诺一定会成功，那么就很容易把自己逼入死胡同中。如果因为你把话说得太"绝"，而失去了领导的信任，那岂不是得不偿失？

心理学家认为，不管是在朋友面前，还是在领导和同事面前，适时的谦虚会让你给别人留下一个好印象。而这种谦虚也可以用在给自己设定一个"防线"上，也就是前面讲到的出错前先道歉。人人都希望能够赢得别人的好感，很多时候，自信的人的确可以给别人留下良好的印象，但是如果你把话说得过于肯定，而结果是你失败了，或者是没有履行你的承诺和保证，那么你的形象就会在别人心里大打折扣，说不定还会影响你今后的发展。

即使你在某些事情上有十足的把握，也要适当"谦虚"一下，这是在保护你自己。如果最终你失败了，但是毕竟你已经事先道了歉，这就已经把风险降到最低了。

每天读点社交心理学

版式设计：蒋碧君

文字编辑：于海清

美术编辑：罗筱玲